Gerechter Frieden

Reihe herausgegeben von
Ines-Jacqueline Werkner, Heidelberg, Deutschland
Sarah Jäger, Heidelberg, Deutschland

„Si vis pacem para pacem" (Wenn du den Frieden willst, bereite den Frieden vor.) – unter dieser Maxime steht das Leitbild des gerechten Friedens, das in Deutschland, aber auch in großen Teilen der ökumenischen Bewegung weltweit als friedensethischer Konsens gelten kann. Damit verbunden ist ein Perspektivenwechsel: Nicht mehr der Krieg, sondern der Frieden steht im Fokus des neuen Konzeptes. Dennoch bleibt die Frage nach der Anwendung von Waffengewalt auch für den gerechten Frieden virulent, gilt diese nach wie vor als Ultima Ratio. Das Paradigma des gerechten Friedens einschließlich der rechtserhaltenden Gewalt steht auch im Mittelpunkt der Friedensdenkschrift der Evangelischen Kirche in Deutschland (EKD) von 2007. Seitdem hat sich die politische Weltlage erheblich verändert; es stellen sich neue friedens- und sicherheitspolitische Anforderungen. Zudem fordern qualitativ neuartige Entwicklungen wie autonome Waffensysteme im Bereich der Rüstung oder auch der Cyberwar als eine neue Form der Kriegsführung die Friedensethik heraus. Damit ergibt sich die Notwendigkeit, Analysen fortzuführen, sie um neue Problemlagen zu erweitern sowie Konkretionen vorzunehmen. Im Rahmen eines dreijährigen Konsultationsprozesses, der vom Rat der EKD und der Evangelischen Friedensarbeit unterstützt und von der Evangelischen Seelsorge in der Bundeswehr gefördert wird, stellen sich vier interdisziplinär zusammengesetzte Arbeitsgruppen dieser Aufgabe. Die Reihe präsentiert die Ergebnisse dieses Prozesses. Sie behandelt Grundsatzfragen (I), Fragen zur Gewalt (II), Frieden und Recht (III) sowie politisch-ethische Herausforderungen (IV).

Weitere Bände in der Reihe http://www.springer.com/series/15668

Sarah Jäger · Lothar Brock
(Hrsg.)

Frieden durch Recht – Anfragen an das liberale Modell

Frieden und Recht · Band 6

Hrsg.
Sarah Jäger
Heidelberg, Deutschland

Lothar Brock
Frankfurt am Main, Deutschland

ISSN 2662-2726   ISSN 2662-2734 (electronic)
Gerechter Frieden
ISBN 978-3-658-28746-7   ISBN 978-3-658-28747-4 (eBook)
https://doi.org/10.1007/978-3-658-28747-4

Die Deutsche Nationalbibliothek verzeichnet diese Publikation in der Deutschen Nationalbibliografie; detaillierte bibliografische Daten sind im Internet über http://dnb.d-nb.de abrufbar.

© Springer Fachmedien Wiesbaden GmbH, ein Teil von Springer Nature 2020
Das Werk einschließlich aller seiner Teile ist urheberrechtlich geschützt. Jede Verwertung, die nicht ausdrücklich vom Urheberrechtsgesetz zugelassen ist, bedarf der vorherigen Zustimmung des Verlags. Das gilt insbesondere für Vervielfältigungen, Bearbeitungen, Übersetzungen, Mikroverfilmungen und die Einspeicherung und Verarbeitung in elektronischen Systemen.
Die Wiedergabe von allgemein beschreibenden Bezeichnungen, Marken, Unternehmensnamen etc. in diesem Werk bedeutet nicht, dass diese frei durch jedermann benutzt werden dürfen. Die Berechtigung zur Benutzung unterliegt, auch ohne gesonderten Hinweis hierzu, den Regeln des Markenrechts. Die Rechte des jeweiligen Zeicheninhabers sind zu beachten.
Der Verlag, die Autoren und die Herausgeber gehen davon aus, dass die Angaben und Informationen in diesem Werk zum Zeitpunkt der Veröffentlichung vollständig und korrekt sind. Weder der Verlag, noch die Autoren oder die Herausgeber übernehmen, ausdrücklich oder implizit, Gewähr für den Inhalt des Werkes, etwaige Fehler oder Äußerungen. Der Verlag bleibt im Hinblick auf geografische Zuordnungen und Gebietsbezeichnungen in veröffentlichten Karten und Institutionsadressen neutral.

Springer VS ist ein Imprint der eingetragenen Gesellschaft Springer Fachmedien Wiesbaden GmbH und ist ein Teil von Springer Nature.
Die Anschrift der Gesellschaft ist: Abraham-Lincoln-Str. 46, 65189 Wiesbaden, Germany

Inhalt

Frieden durch Recht – Anfragen an das liberale Modell.
Eine Einführung 1
Sarah Jäger

Die Formel „Frieden durch Recht".
Anfragen aus protestantischer Perspektive 15
Friedrich Lohmann

Rechtliche Unbestimmtheit und positiver Frieden 43
Tim Wihl

Aktuelle Herausforderungen für politische
Friedensgestaltung auf dem Fundament des Rechts 67
Thomas Hoppe

Normkollisionen. Menschenrecht und Völkerrecht –
eine Leges-Hierarchie? 91
Gertrud Brücher

Chancen und Hindernisse der Herausbildung eines
genuinen Friedensrechts neuer Qualität 121
Stefan Oeter

Frieden durch Recht. Recht durch Krieg?
Bleibende Kontroversen 147
Lothar Brock

Autorinnen und Autoren 169

Frieden durch Recht – Anfragen an das liberale Modell
Eine Einführung

Sarah Jäger

1   Einleitung

Für das Zusammenleben der Menschen stellt sich immer wieder die Frage, wie dieses gestaltet und die einander widerstrebenden Interessen von Einzelnen zur Deckung gebracht werden sollen. Eines der zentralen Steuerungsmittel zum Umgang mit diesen Herausforderungen ist dabei das Recht, sowohl im innergesellschaftlichen und innerstaatlichen Bereich als auch in internationalen Beziehungen (vgl. Becker et al. 2010, S. 9). Für internationale Zusammenhänge kommt daher dem Völkerrecht eine wichtige friedenssichernde Funktion zu. Dieses Prinzip und die Formel „Frieden durch Recht" sind dabei stark aufgeladen (vgl. Brock 2010).

> „Die Vorstellung, dass sich politische Konflikte durch Recht vermeiden, eindämmen und bewältigen lassen würden, bestimmte schon die rudimentäre Feststellung einzelner Macht- und Territorialverhältnisse in einem vormodernen ‚Zwischen-Mächte-Recht' […], was sich nach dem Aufstieg der neuzeitlichen Staatenwelt erst in einem formalisierten Vertragsvölkerrecht fortsetzte, später dann in multilateralen Vereinbarungen und schließlich in universalen

Normstrukturen von teils prä-konstitutioneller Geltungskraft" (Payk 2018, S. 5).

Das Völkerrecht schafft also die institutionellen Rahmenbedingungen für die Begrenzung von oder gar den Verzicht auf Gewalt und damit die Schaffung von Frieden, indem es Regeln und Verfahren zum Austragen von Konflikten bereitstellt. Dabei muss es sich jedoch wie jedes Recht an den faktischen Gegebenheiten orientieren und somit gehören zur Verwirklichung des Rechts immer auch Zwangsmittel. Unter den Bedingungen pluraler Gesellschaft der Gegenwart stellt sich die grundlegende Frage, „wer im Namen des Rechts aus welchen Gründen den Zwang ausüben darf und dennoch der Befriedigungsfunktion des Rechts genügt" (Jakl 2014, S. 11). Die Positivität des Rechts allgemein, die davon ausgeht, dass alle Konflikte soweit wie möglich mit den Mitteln der vorhandenen Rechtsordnung zu lösen sind, bürgt allerdings noch nicht für dessen Legitimität und mit der faktischen Geltung des Rechts ist noch nicht über seine moralische Gültigkeit entschieden.

Immer wieder werden zudem die Normen des Völkerrechts, die auf die Bewahrung und Schaffung von Frieden zielen, missachtet. So wird deutlich, dass das Recht nicht alle Vorgänge steuern kann. Dazu existieren zwei klassische juristische Erklärungsversuche für dieses Phänomen:

> „Erstens, die einschlägigen Verbotsnormen bzw. die daran geknüpften Sanktionen sind nach wie vor lückenhaft und bedürfen einer weiteren Perfektionierung. Zweitens, normativer Anspruch und Lebenswirklichkeit korrespondieren einfach nicht, oder – vielleicht etwas technischer – die Verhaltenssteuerung der Akteure durch das Mittel des Rechts funktioniert im Fall der Aggression nicht zufriedenstellend: Sollens- und Seinsordnung fallen hier in besonderem Maße auseinander" (Khan 2010, S. 147).

Das völkerrechtliche Weltbild, das diesen beiden Erklärungsansätzen zugrunde liegt, betrachtet die fundamentalen Prinzipien des Rechts der Charta der Vereinten Nationen sozusagen als die „normative Krone der Völkerrechtsordnung" (Khan 2010, S. 148) und die Völkergemeinschaft, die in den Vereinten Nationen organisiert ist, als Vollstrecker dieser Ordnung. Dabei kommt der staatlichen Souveränität eine wichtige Rolle zu: Das Aggressionsverbot definiert seine Schutzobjekte, die Staaten, nicht nach qualitativen Merkmalen, sondern schlichtweg auf der Grundlage ihrer Existenz. Die Annahme von Artikel 2 Ziffer 1, UN Charta lautet, dass, wo ein Staat ist, dort auch das Gewaltverbot herrscht.

2 Zur Entstehung und Ausgestaltung des völkerrechtlichen Gewaltverbotes

Der Übergang zur Moderne ist zum einen durch eine Säkularisierung der Rechtsordnung und zum anderen durch ihre Vereinheitlichung geprägt. Dies lag an eben jener Bildung von Territorialstaaten, die je das Gewaltmonopol zur Durchsetzung des Rechts und den Gedanken einzelstaatlicher Souveränität in Anspruch nahmen (vgl. Huber 2015, S. 151).

Der Begriff Frieden wird im Recht zumeist vor dem Hintergrund der Schriften Immanuel Kants diskutiert. Diese Debatte verleitet daher oft zu dem Gedanken, die Sicherung des Friedens habe schon immer im Vordergrund des Völkerrechts gestanden. Tatsächlich sollte das Völkerrecht ursprünglich der Koordinierung und Durchsetzung staatlicher Interessen dienen (vgl. Heintze 2010, S. 161f.). Zunächst beschränkte sich die friedensstiftende Kraft des Völkerrechts auf den formalen Abschluss eines Konflikts, indem die entstandenen Machtverhältnisse in einem Friedensvertrag fixiert wurden, so entstanden im 19. Jahrhundert auch völkerrechtliche

Instrumente der Kriegsverhütung, wie Mediation, „Gute Dienste" oder Arbitration. Zeitgleich sollte die kriegerische Gewalt durch ein Kriegsvölkerrecht begrenzt werden, sodass sich zunehmend eine friedensbewahrende Funktion des Völkerrechts herausstellte. Die Ächtung des Krieges ist noch eine vergleichsweise junge Entwicklung (vgl. Heintze 2010, S. 161). Bis heute ist das Völkerrecht beherrscht durch die dominierende Rolle von Staaten und ihrer Souveränität – ein Begriff, der von Jean Bodin geschaffen wurde (vgl. Hobe 2008, S. 37). Viele Institutionen und Regeln des klassischen Völkerrechts wie der Grundsatz der Staatengleichheit oder das Interventionsverbot lassen sich aus dem Gedanken staatlicher Souveränität ableiten (vgl. Gassner 2014, S. 68). „Über Jahrhunderte hinweg galt es als höchster Ausdruck dieser Eigenschaft, dass die Staaten mit allen Mitteln ihre Interessen durchsetzen konnten" (Heintze 2010, S. 162). Das *jus ad bellum*, das Recht zum Führen eines Krieges, war der Ausdruck dieser staatlichen Souveränität. Da jedoch die Grausamkeit kriegerischer Auseinandersetzungen immer weiter zunahm, beschlossen die Haager Friedenskonferenzen von 1899 und 1907 Regeln der Kriegsführung, die zusammen mit den bisherigen Normen des Gewohnheitsrechtes das *ius in bello* bildeten. Hier wurden zwar die Folgen des Krieges begrenzt, eine grundsätzliche Ächtung des Krieges als solchem war jedoch noch nicht im Blick. Die Erfahrungen des Ersten Weltkrieges zeigten nun, dass keine Nation strahlend gesiegt hatte, vielmehr waren die europäischen kriegsbeteiligten Völker erschöpft und zerschlagen. Die Entstehung des völkerrechtlichen Gewaltverbots wurzelt in diesen Erfahrungen. 1919 wurde dann mit dem Völkerbund eine Organisation geschaffen, die den Krieg konditionierte und Friedenssicherung zu ihrer Aufgabe machte. Infolge des Ersten Weltkrieges wurde 1928 der Briand-Kellogg-Pakt ratifiziert, auch Kriegsächtungspakt genannt. Hier vereinbarten die Vertragsparteien, ihre Konflikte nur durch friedliche Mittel zu regeln und militärische Mittel grundsätzlich auszuschließen (vgl. Gassner 2014, S. 72). Aufgrund des japanischen Überfalls auf die Mandschurei wurde die Stimson-Doktrin der Nichtanerkennung internationaler territorialer Veränderungen, die durch Gewalt entstanden sind, verabschiedet, die 1932 erstmals von den USA angewendet wurde (vgl. Meng 2000, S. 690). Sie fand weltweite Akzeptanz im Rahmen der Auslegung des Briand-Kellogg-Paktes. Nach 1945 waren es die erneuten Kriegserfahrungen, die zum Gewaltverbot der Charta der Vereinten Nationen führten. Nun unterblieb zwar keine militärische Gewalt, aber es war nötig geworden, diese unter Bezug auf das Recht zu rechtfertigen. Außerdem wurde die Stimson-Doktrin wiederbelebt. Der Internationale Gerichtshof (IGH) etwa „leitet die Pflicht der Staaten zur Nichtanerkennung aus den einschlägigen Resolutionen des Sicherheitsrates zur rechtswidrigen fortdauernden Präsenz Südafrikas in Namibia ab" (Heintze 2010, S. 163). Dabei blieb unklar, ob es sich um eine notwendige Konsequenz aus dem Gewaltverbot handelte. Auch Sezessionen fallen unter die Stimson-Doktrin. In seiner Resolution 541 von 1983 erklärte der Sicherheitsrat beispielsweise die Ausrufung der Türkischen Republik Nordzypern für ungültig. Das völkerrechtliche Gewaltverbot hatte zudem rechtliche Konsequenzen für die Durchsetzung der Menschenrechte, wie auch das Beispiel Nordzypern zeigt.

Es war ein Anliegen der Charta, auch Mechanismen zur Rechtsdurchsetzung mit friedlichen Mitteln zu generieren. Die Reformbedürftigkeit der Vereinten Nationen an dieser Stelle ist hinreichend bekannt, man denke nur an gemeinsame politische Machtinteressen etwa des Sicherheitsrates. Hier sind bisher alle Versuche zur Revision gescheitert (vgl. Bothe 2007, S. 665). Die Beurteilung, ob es sich bei einer Situation um einen Bruch des internationalen Friedens handelt, ist vor allem eine politische Einschätzung, da der Sicherheitsrat über keinerlei Legaldefinition verfügt. Gemäß UN-Charta sind die Mitgliedsstaaten zum Überlassen militärischer

Kapazitäten aufgefordert, doch dies erweist sich in der Praxis oft als herausfordernd.

Dazu sind seit 1945 weltweit zahlreiche regionale Organisationen entstanden, deren Bildung durch Kapitel VIII der UN-Charta unterstützt wird. Sie ermöglichen die enge institutionelle Zusammenarbeit in einer Region (vgl. Heintze 2010, S. 167).

Ein weiteres Mittel zur Rechtsdurchsetzung könnte die internationale Gerichtsbarkeit sein. Die historischen Erfahrungen der Weltkriege bildeten auch den Hintergrund und unmittelbaren Anlass für eine strafrechtliche Ächtung von Aggression, in Form der Londoner Charta (als Grundlage der Nürnberger Prozesse), des Kontrollratsgesetzes Nr. 10 zur Bestrafung von Personen, die sich Kriegsverbrechen, Verbrechen gegen den Frieden oder gegen die Menschlichkeit schuldig gemacht haben (als Grundlage für die späteren Gerichte der Besatzungsmächte), sowie der Artikel 26 GG und § 80 StGB mit Vorschriften, die den deutschen Staat und Individuen gleichermaßen in die Pflicht nehmen. Die Militärtribunale von Nürnberg und Tokio hatten durchaus auch die Ahndung von Verstößen gegen das Kriegsverbot des Briand-Kellogg-Paktes zum Ziel. Doch derartige Absichten versandeten im Laufe der 1950er-Jahre (vgl. Bothe 2010, S. 66). Erst die Konstituierung des Internationalen Strafgerichtshofs 1998 setzte diese Entwicklung fort. Der Völkerrechtler Michael Bothe betont:

> „Das grundlegende Problem des IGH ist die Tatsache, dass das Netz seiner Zuständigkeiten noch immer erhebliche Löcher aufweist. Aus Gründen fehlender Jurisdiktion kann lange nicht jeder Rechtsstreit über die Verletzung des Gewaltverbots vor das Gericht gebracht werden" (Bothe 2010, S. 67).

Die Rolle des IGH als Durchsetzer des Gewaltverbots ist also durchaus begrenzt.

Auch dem allgemeinen Strafrecht kommt eine staatsmachtbeschränkende Funktion auch in Zeiten bewaffneter Konflikte zu (vgl. Basak 2014). Denis Basak (2014, S. 61) argumentiert, dass gerade das Straftatsystem durchaus in der Lage sei, auch Ausnahmesituationen wie einen militärischen Einsatz abzubilden, und das existierende *ius in bello* sei in das allgemeine System des Rechts einzubeziehen.

3 Zur rechtsethischen Debatte in der evangelischen Friedensdenkschrift

Bis zur Zeit der Reformation war die theologische These von der Überordnung des göttlichen Rechts (*ius divinum*) über das weltliche Recht (*ius humanum*) für die analoge Überordnung des Rechts über die Macht von ausschlaggebender Bedeutung (vgl. Huber 2015). Dies änderte sich ab der Reformation durch die Anerkennung der Eigenständigkeit der Welt. Die Freiheit des Gewissens und der Religion wurden nun als Grenzen der Ansprüche politischer Herrschaftsmacht betrachtet. Immer mehr setzte sich die Erkenntnis durch, dass die Rechtsordnung des Staates auf anderen Fundamenten stehen müsse als diejenige der Religion. Damit wurde der Staat selbst zur Quelle des Rechts – das Zeitalter des Positivismus begann (vgl. Huber 2015, S. 136). „Christliche Theologie deutet die Wirklichkeit der Welt im Horizont der Universalität Gottes; in diesem Horizont erscheinen Relativität, Vorläufigkeit und Korrekturfähigkeit als hervorgehobene Kennzeichen der Weltwirklichkeit" (Huber 2015, S. 137). Theologische Rechtsethik begreift Recht dabei als Teil der Weltwirklichkeit und als Aufgabe zur menschlichen Gestaltung. Fragen des Völkerrechts bewegen sich in der institutionsethischen Dimension der Rechtsethik.

Gerade evangelische Theologie und Ethik haben sich intensiv mit Fragen des Rechts und der Rechtsethik befasst. So veränderte sich das Rechtsdenken im Zuge der Reformation grundlegend. In der Unabhängigkeit von der bisherigen kirchlich-kanonischen Bindung entwickelte sich ein religiös-imprägniertes, in Theorie und Zielsetzung dann aber zunehmend säkulares Rechtsdenken (vgl. Witte 2014). Die hohe Affinität zum Recht und das große Zutrauen in Recht in der gedanklichen Ausformung von Wolfgang Huber und Hans-Richard Reuter prägen auch die friedensethische Denkschrift der Evangelischen Kirche in Deutschland (EKD) von 2007. Dem Thema „Gerechter Friede durch Recht" ist das ganze dritte Kapitel gewidmet. Das politisch-ethische Leitbild des gerechten Friedens ist zu seiner Durchsetzung – so die Annahme – existenziell auf das Recht, besonders auf die Vereinten Nationen, angewiesen. Diese werden auch für die Sicherung der Menschenrechte und die Anerkennung kultureller Vielfalt verantwortlich gesehen. So wird der gerechte Frieden im Rahmen eines „international vereinbarten Rechtszustandes" (EDK 2007, Ziff. 85) verortet. Gewalt könne nur und ausschließlich „rechtserhaltende Gewalt" (EKD 2007, Ziff. 98) sein, die dann engen Begrenzungen unterworfen wird. Diese engen Begrenzungen werden an das Recht und an internationale Institutionen rückgebunden:

> „Wieder wird in der Denkschrift ein breiter Konsens beschrieben, der in dem Wunsch weitgehend geregelter und verrechtlichter internationaler Beziehungen besteht. Aber wieder werden Kontroversen eher verdeckt als angesprochen, sei es die Spannung zwischen einem kommunitaristischen und einem kosmopolitischen Menschenrechtsverständnis, die Debatte um die Funktionsfähigkeit (und Reformbedürftigkeit) kollektiver Sicherheitssysteme oder das Für und Wieder der Schutzverantwortung und humanitärer Interventionen" (Daase 2013, S. 10).

Die bisherigen Probleme und Herausforderungen könnten durch das Schließen der „Regelungslücken und Interpretationsspielräume hinsichtlich der Legitimität eines rechtserhaltenden militärischen

Gewaltgebrauchs" (EKD 2007, Ziff. 104) überwunden werden. Weiter werden dann einzelne umstrittene Punkte benannt, wie die Frage nach dem Recht auf Selbstverteidigung oder die nach humanitären Interventionen zum Schutz der Menschenrechte.

Die nachfolgenden friedensethischen Debatten der letzten Jahre haben noch einmal deutlich die Aporien des Völkerrechts und seiner Umsetzbarkeit und tatsächlichen Umsetzung vor Augen gestellt: Der Völkerrechtler Michael Bothe betont angesichts dieser Gemengelage:

> „Es bedarf jedoch eines politischen Diskurses, der die rechtlichen Einschränkungen der Ausübung militärischer Gewalt erhält und stärkt. Die colère publique muss angesichts der Leiden des Krieges aufrecht erhalten bleiben gegenüber allen Versuchen, Krieg als ‚führbar' zu rechtfertigen und der Illusion einer Lösung von Problemen durch militärische Gewalt einen Anschein von Realität zu geben" (Bothe 2010, S. 70).

4 Zu diesem Band

Der Zusammenhang von Frieden und Recht bleibt komplex: Recht kann Frieden nicht bewirken, aber es ist für Frieden unverzichtbar! „Das Verhalten der Staaten und anderer Völkerrechtssubjekte zueinander berechenbarer zu machen, gehört zu den wichtigsten friedenssichernden Funktionen des Völkerrechts" (Becker et al. 2010, S. 9). Das Völkerrecht kann nun wichtige Rahmenbedingungen für den Verzicht oder zumindest die Begrenzung von Gewalt schaffen. Doch immer wieder erleben wir, dass es trotzdem zu gewalttätigen, kriegerischen Auseinandersetzungen kommt, man denke etwa an den Irakkrieg 2003 oder die Mitwirkung an Menschenrechtsverletzungen im „Krieg gegen den Terror". Das Konzept Frieden durch Recht, das gerade auch für christliche friedensethische Diskurse eine wichtige Bezugsgröße markiert, soll deshalb im Rahmen dieses Bandes kritisch reflektiert und weitergedacht werden. Als wie tragfähig erweist sich dieses liberale Modell vor den Anfragen und Herausforderungen der Gegenwart?

Der erste Beitrag von *Friedrich Lohmann* untersucht die Formel „Frieden durch Recht" aus protestantischer Perspektive. Für die Gegenwart sei für evangelische Friedensethik ein starker Bezug auf das Recht kennzeichnend, wenngleich auch umstritten. So habe die Formel durchaus ihre Berechtigung, aber nur, wenn dabei das Recht permanent an seinen selbstgemachten Vorgaben gemessen werde. Der Autor entwickelt deshalb einen friedensethischen *bottom-up approach* der Transformation der Herzen, der bei der reformatorischen Hochschätzung von Mündigkeit und Bildung ansetzt.

Zugleich ist es geboten, die konkreten Inhalte und Funktionen des geltenden Völkerrechts neu zu vermessen und dabei auch die Rolle von Juristinnen und Juristen im Umgang mit auslegungsbedürftigem Recht zu untersuchen. Der Beitrag von *Tim Wihl* fragt nach der Interpretationsbedürftigkeit des Rechts in Friedensfragen. Dabei setzt er sich mit der Hypothese auseinander, Unbestimmtheit werde dann zum grundlegenden politisch-ethischen Störfaktor, „der einen positiven Frieden verunmöglicht, wenn sie Mächtige weiter ermächtigt oder Ohnmächtige in ihrer Wirkungskraft beschränkt. Dabei potenziert sich das Problem, wenn die strukturellen Nachteile im Rechtsbestand offen zutage liegen."

Noch immer ruhen zentrale Hoffnungen auf dem Recht, um Gewalt einzuhegen und Frieden zu schaffen. Das Konzept Frieden durch Recht ist zwar an das Recht gebunden und bedeutet so einen starken Fokus auf die Rechtsethik, der Blick auf die Empirie zeigt jedoch, dass das Recht im internationalen Vollzug schwach und in seiner Geltung umstritten ist. *Thomas Hoppe* fragt danach, welche komplementären Zugänge angesichts dieser Zweischneidigkeit zum Ansatz Frieden durch Recht denkbar sind. Dabei analysiert er die

Grenzen der Leistungsfähigkeit heutiger politischer Institutionen zur Friedenssicherung auch angesichts gegenwärtiger weltpolitischer Herausforderungen und Gerechtigkeitsdefiziten in den internationalen Wirtschaftsbeziehungen. Davon ausgehend gilt es für Religionsgemeinschaften weltweit, eine kritische Hermeneutik zu entwickeln und Pluralität zuzulassen.

Der vierte Beitrag von *Gertrud Brücher* beschäftigt sich mit der Normenkollision von Menschenrechten und Völkerrecht und einer zeitgemäßen Lesart des Paradigmas „Frieden durch Recht". Im Umgang mit Normenkollisionen kann der Kantsche kategorische Imperativ als Autopoiesis-Formel, die unkalkulierbare Eskalationsgefahren nicht ignoriert, sondern in allen Entscheidungen präsent sein lässt, fruchtbar gemacht werden.

Der Beitrag von *Stefan Oeter* setzt sich mit der Frage auseinander, ob die Schaffung eines neuen Rechtsgebietes in Gestalt eines „Friedensrechts" sinnvoll sein kann, um so die Komplexität der friedensrechtlichen Quellen zu bewältigen, inhaltlich zu klären und das Bewusstsein für Zusammenhänge zu schärfen. Eine Lösung für die Unzufriedenheit mit dem Recht zur Sicherung einer dauerhaften Friedensordnung kann nicht in noch weiteren Reglementierungen liegen, sondern muss die praktischen Geltungsbedingungen funktionierender Normativität in der Zusammenschau von Friedensrecht und Politik zentral in den Blick nehmen.

Der abschließende Beitrag von *Lothar Brock* nimmt zentrale Linien des Bandes auf und analysiert Zusammenhänge zwischen den einzelnen Beiträgen. Dabei beleuchtet er insbesondere Anforderungen an und Chancen für eine Fortschreibung der Idee, „Frieden durch Recht" als globale Agenda zu gewährleisten.

Literatur

Basak, Denis. 2014. Recht nur im Frieden? Zur staatsmachtbeschränkenden Funktion des allgemeinen (Straf-)Rechts auch in Zeiten bewaffneter Konflikte. In *Recht und Frieden – Wozu Recht?*, hrsg. von Bernhard Jakl, Beatrice Brunhöber, Ariane Grieser, Juliane Ottmann und Tim Wihl, 47–66. Stuttgart: Nomos.
Becker, Peter, Reiner Braun und Dieter Deiseroth. 2010. Einleitung. In *Frieden durch Recht?*, hrsg. von Peter Becker, Reiner Braun und Dieter Deiseroth, 9–12. Berlin: BWV.
Bothe, Michael. 2007. Friedenssicherung und Kriegsrecht. In *Völkerrecht*, hrsg. von Wolfgang Graf Vitzthum, 637–726. Berlin: de Gruyter.
Bothe, Michael. 2010. An den Grenzen der Steuerungsfähigkeit des Rechts: Kann und soll es militärischer Gewalt Schranken setzen? In *Frieden durch Recht?*, hrsg. von Peter Becker, Reiner Braun und Dieter Deiseroth, 63–70. Berlin: BWV.
Brock, Lothar. 2010. Frieden durch Recht. Anmerkungen zum Thema in historischer Perspektive. In *Frieden durch Recht?*, hrsg. von Peter Becker, Reiner Braun und Dieter Deiseroth, 15–34. Berlin: BWV.
Daase, Christopher. 2013. Über den Zusammenhang von Friedensethik und Friedens- und Konfliktforschung – Warum friedensethische Grundlagenforschung unverzichtbar ist. http://konsultationsprozess-gerechter-frieden.de/index.php/aktuelles-aus-dem-projekt. Zugegriffen: 10. Februar 2019.
Evangelische Kirche in Deutschland (EKD). 2007. *Aus Gottes Frieden leben – für gerechten Frieden sorgen. Eine Denkschrift des Rates der Evangelischen Kirche in Deutschland*. Gütersloh: Gütersloher Verlagshaus.
Gassner, Miriam. 2014. Recht und Frieden: Friedenssicherung mittels Militärintervention? Von der Entwicklung des Interventionsrechts im 19. und 20. Jahrhundert aus rechtsphilosophischer und völkerrechtsgeschichtlicher Sicht. In *Recht und Frieden – Wozu Recht?*, hrsg. von Bernhard Jakl, Beatrice Brunhöber, Ariane Grieser, Juliane Ottmann und Tim Wihl, 67–76. Stuttgart: Nomos.
Heintze, Hans-Joachim. 2010. Ausnahmen vom völkerrechtlichen Gewaltverbot nicht mit dem modernen Friedenssicherungsrecht vereinbar. In *Frieden durch Recht?*, hrsg. von Peter Becker, Reiner Braun und Dieter Deiseroth, 161–174. Berlin: BWV.
Hobe, Stefan. 2008. *Einführung in das Völkerrecht*. Stuttgart: UTB.

Huber, Wolfgang. 2015. Rechtsethik. In *Handbuch der Evangelischen Ethik*, hrsg. von Wolfgang Huber, Torsten Meireis und Hans-Richard Reuter, 125–193. München: C.H. Beck.
Jakl, Bernhard. 2014. Einleitende Bemerkungen. In *Recht und Frieden – Wozu Recht?*, hrsg. von Bernhard Jakl, Beatrice Brunhöber, Ariane Grieser, Juliane Ottmann und Tim Wihl, 12–13. Stuttgart: Nomos.
Khan, Daniel-Erasmus. 2010. Militärische Aggression im Verfassungsrecht, Völkerrecht und Völkerstrafrecht – Zeit für eine Neubesinnung? In *Frieden durch Recht?*, hrsg. von Peter Becker, Reiner Braun und Dieter Deiseroth, 145–159. Berlin: BWV.
Meng, Werner. 2000. Stimson Doctrine. In *Encyclopedia of Public International Law*, Bd. IV, hrsg. von Rudolf Bernhardt, 690–691. Amsterdam: Elsevier.
Payk, Marcus M. 2018. *Frieden durch Recht? Der Aufstieg des modernen Völkerrechts und der Friedensschluss nach dem Ersten Weltkrieg*. Berlin: de Gruyter.
Witte, John. 2014. *Recht und Protestantismus. Die Rechtslehren der lutherischen Reformation*. Cambridge: Cambridge University Press.

Die Formel „Frieden durch Recht"
Anfragen aus protestantischer Perspektive

Friedrich Lohmann

1 Einleitung: Der Zusammenhang von Frieden und Recht in neueren Verlautbarungen der Evangelischen Kirche in Deutschland (EKD)

Die EKD-Friedensdenkschrift von 2007, „Aus Gottes Frieden leben – für gerechten Frieden sorgen", schreibt dem inner- und zwischenstaatlichen Recht eine hohe friedensethische Relevanz zu. Ein ganzes Kapitel ist der Ausarbeitung der These „Gerechter Friede durch Recht" gewidmet (EKD 2007, Nr. 85ff.). Darin wird zwar einleitend die friedensstiftende Kraft des Rechts relativiert: „So wenig die Ethik an die Stelle des Rechts treten kann, so wenig ist sie durch Recht substituierbar. Auch Völkerrecht ersetzt keine Friedensethik, aber Friedensethik muss auf das Völkerrecht bezogen bleiben" (EKD 2007, Nr. 85). Die Arbeit an einer insbesondere zwischenstaatlichen Rechtsordnung ist, so wird damit deutlich, nur *ein* Bestandteil des als Leithorizont angestrebten gerechten Friedens. Dass sie in den Augen der Denkschrift gleichwohl ein *zentraler* Bestandteil ist, zeigen die positiven Bezugnahmen auf das

Recht, die den Text durchziehen: Es gehe darum, „die Gewalt der Herrschaft des Rechts zu unterwerfen" (Vowort); „Gerechter Friede in der globalisierten Welt setzt den Ausbau der internationalen Rechtsordnung voraus" (EKD 2007, Nr. 196); „In Analogie dazu [zum rechtsstaatlichen Gewaltmonopol] besteht auch auf zwischenstaatlicher Ebene die Aufgabe darin, das Recht des Stärkeren durch die Stärke des Rechts zu ersetzen" (Nr. 82); die „Verrechtlichung der Beziehungen" ist wesentliches Mittel der gesuchten „kooperativ verfasste[n] Ordnung ohne Weltregierung" (Nr. 86); die Perspektive liegt in „einer auf Recht gegründeten Friedensordnung" (Nr. 98); ein in Grenzsituationen unter Umständen notwendiger Gewaltgebrauch ist nur legitim als „rechtserhaltende Gewalt"[1] (Nr. 98ff.).

Das Afghanistan-Wort als letzte kirchenamtliche Verlautbarung der EKD zu Fragen der Friedensethik macht sich diesen Fokus zu Eigen, wenn es im Vorwort das Leitbild des gerechten Friedens ausdrücklich mit dem „Leitbild einer rechtsbasierten Friedensordnung" gleichsetzt (EKD 2013, S. 8) und als eine der beiden Leitfragen der friedensethischen Bilanz des Einsatzes hervorhebt: „Wird der deutsche Einsatz in Afghanistan dem Anspruch gerecht, eine Rechtsordnung zu schaffen und dadurch Frieden zu ermöglichen?" (EKD 2013, S. 8).

Dieser starke Bezug auf das Recht hat sich in den friedensethischen Verlautbarungen der EKD allmählich angebahnt. Die Vorgänger-Denkschrift von 1981, „Frieden wahren, fördern und

---

1   Der Begriff der (bloßen) Rechtserhaltung greift in Situationen einer fehlenden, anarchischen oder der basalen Gerechtigkeitsidee des Rechts widersprechenden Rechtsordnung zu kurz. Es ist daher positiv zu würdigen, wenn im Afghanistan-Wort der EKD – zweifellos gesättigt durch die am Hindukusch gemachten Erfahrungen – von einer „rechtsermöglichende[n] Gewalt" die Rede ist (EKD 2013, S. 12). Es geht um Rechtsermöglichung und Rechtsdurchsetzung, nicht bloß um Rechtserhaltung.

erneuern", zielt sehr viel stärker darauf, was *die Kirche* für den Frieden in der Welt tun kann (nämlich: Verkündigung, Gebet und Bildungsarbeit). Und wo die globalen Strukturen in den Blick kommen, da ist von der „politischen[!] Ordnung des Friedens und der friedensgefährdenden Weltkonflikte" die Rede (EKD 1982, S. 11), was in erster Linie in Richtung Rüstungskontrolle verstanden wird (EKD 1982, S. 52ff.).

Diese Perspektive ändert sich mit den „Orientierungspunkten für Friedensethik und Friedenspolitik" von 1994 („Schritte auf dem Weg des Friedens"), wenn nunmehr die „Herrschaft des Rechts" ausdrücklich als Leitgedanke genannt wird:

> „Die Bewahrung, Wiederherstellung und Förderung des Friedens muß nach dem Ende der Ost-West-Konfrontation konsequent als eine Aufgabe der Völkergemeinschaft beschrieben und auf eine internationale Ordnung des Friedens unter der Herrschaft des Rechts bezogen werden" (EKD 2001 [1994], S. 4, vgl. 8, 21, 23, 25ff., 35).

In diesem Kontext ist auch von einem „Ethos der Rechtsbefolgung" die Rede (EKD 2001 [1994], S. 35, vgl. 26).

Zu diesen „Orientierungspunkten" erschien im Herbst 2001 eine „Zwischenbilanz" („Friedensethik in der Bewährung"), die im Blick vor allem auf den Jugoslawien-Konflikt inklusive Kosovo-Einsatz der NATO und die damit verbundenen politischen Bemühungen einerseits die genommene Richtung weg vom Fokus auf kirchliche Aktivitäten hin zu einem politisch-rechtlichen Maßnahmenkatalog beibehält, andererseits diesen aber in seinen faktischen Möglichkeiten stärker problematisiert, etwa hinsichtlich der VN:

> „Die Tatsache, daß derzeit der Sicherheitsrat eine politische Allkompetenz besitzt, ist nicht nur unbefriedigend, sondern widerspricht Grundprinzipien moderner Rechtsgemeinschaften. Um so wichtiger ist es, Institutionalisierungen nach Maßgabe rechtsstaatsanaloger Prinzipien zu befördern" (EKD 2001, S. 78).

Es mag mit den damals ganz frischen Erfahrungen des Scheiterns zusammenhängen, wenn die „Zwischenbilanz" abschließend jenseits von Militär und Völkerrecht für einen friedensethischen *bottom-up approach* plädiert:

> „Die Politik muß vielmehr [gegenüber der Anwendung militärischer Gewalt zur Durchsetzung des Rechts] vorrangig mit Strategien verfolgt werden, die durch die Förderung von Demokratie und Wirtschaft und solchen Lebensbedingungen, die den Interessen der Menschen dienen, deren Fähigkeit zur friedenstauglichen Konfliktbearbeitung stärken" (EKD 2001, S. 91).

Der Bezug auf das Recht als bevorzugtes Mittel der Friedenserhaltung ist also innerhalb der EKD-Verlautbarungen der letzten 35 Jahre nicht alternativlos; er ist aber gleichwohl in der Denkschrift von 2007 und im Afghanistan-Wort von 2013 dominierend, was in den „Orientierungspunkten" von 1994 vorbereitet wurde. Für diesen Fokus, der 2007 und 2013 mit einem generell institutionalistischen *top-down approach* verbunden ist, dürften neben kontingenten Faktoren – Zusammensetzung der jeweiligen Kommission beziehungsweise Kammer[2], weltpolitische Lage – auch theologische Gründe verantwortlich sein.

---

2 Michael Haspel, der die friedensethisch gewendete „Ethik der Rechtsbefolgung" mit den Namen Wolfgang Huber, Hans-Richard Reuter und Jost Delbrück in Verbindung bringt (Haspel 2002, S. 46), weist darauf hin, dass letzterer „selbst zu den Verfassern der ‚Orientierungspunkte' gehörte" (Haspel 2003, S. 264). Für Delbrücks Position in der Friedensethik vgl. Delbrück 1984 und 2003. Dort heißt es: „Friedensethik kann nicht losgelöst vom Recht betrachtet werden!" (Delbrück 1984, S. 49). Und in der späteren Veröffentlichung ist die Rede von dem „in der Schrift ‚Schritte auf dem Weg des Friedens' erreichte[n] Konsens, dass es eine internationale institutionalisierte Ordnung unter der Herrschaft des Recht [sic] zu errichten und zu bewahren gilt und dass – wenngleich als *ultima ratio* – das Recht auch

„Frieden durch Recht" – protestantische Anfragen

Zum einen ist das Leitbild des gerechten Friedens, das 1994 nur erst kurze Erwähnung findet (EKD 2001 [1994], S. 14), ohne die Thematisierung auch rechtlicher Aspekte gar nicht zu denken, da das Leitbild ja die Verbindung von Gerechtigkeit und Frieden betont. Es ist daher kein Zufall, dass „die Forderung einer internationalen Rechtsordnung mit Strukturen, die es ermöglichen, das Recht durchzusetzen", auch in dem „Gerechter Friede" genannten Wort der deutschen katholischen Bischöfe auftaucht (Die deutschen Bischöfe 2000, S. 39), dort allerdings anders als in der EKD-Denkschrift von 2007 eingebettet in einen umfassenden gedanklichen Rahmen, der bei der Würde des einzelnen Menschen ansetzt und zum Beispiel auch spirituelle Momente der Friedensarbeit einbezieht.

Zum anderen hat die EKD seit den 1980er-Jahren auch andernorts die positive theologische Bedeutung staatlichen Rechts für die Lebensgestaltung hervorgehoben. Wo zuvor in einer langen theologischen Tradition, auch im Protestantismus, das staatliche Recht primär von seiner – negativen – Schutzfunktion im Sinne einer Eindämmung des Bösen legitimiert worden war – als das kleinere Übel gegenüber einer anarchischen Welt, in der es unter Menschen wie zwischen Schafen und Wölfen zugeht –, wird es nun als positiver Gestaltungsfaktor für ein Leben in Freiheit, Gleichheit und Solidarität theologisch gewürdigt. Kontinuität wie positive

---

mit Zwangsmaßnahmen durchgesetzt werden muss" (Delbrück 2003, S. 176). Außer Delbrück wäre auch Trutz Rendtorff zu nennen. In ihm hatte die Kammer für Öffentliche Verantwortung der EKD seinerzeit – 1994 – den gleichen Vorsitzenden, der 1985 in der Demokratie-Denkschrift bereits maßgeblich die Formel von der „Ethik der Rechtsbefolgung" geprägt hatte. Und schließlich war der von Carl Friedrich von Weizsäcker geprägte Gedanke einer „Weltinnenpolitik" mit seiner Konsequenz einer entsprechenden Verrechtlichung der internationalen Beziehungen prägend.

Fortschreibung der Tradition werden etwa in folgender These deutlich: „Im Allgemeinen würdigt evangelische Theologie das Recht als eine gute Gabe Gottes, insofern es die im menschlichen Leben immer wieder auftretenden Konflikte anhand der Kriterien der äußeren Freiheitssicherung wie der Friedenswahrung regeln soll" (EKD 2009a, S. 15). Oder hier: „Die wichtigste Aufgabe des Staates ist es, die öffentlichen Güter – innere und äußere Sicherheit, Rechtsstabilität, Infrastruktur und Bildungseinrichtungen – bereit zu stellen, die für ein gelingendes Gemeinwesen notwendig sind" (EKD 2009b, S. 18).

Programmatisch grundgelegt ist diese theologisch neue Sicht auf Staat und Recht in der Demokratie-Denkschrift von 1985, wo, in ausdrücklicher „*Kontinuität* und *Korrektur*" (EKD 1992, S. 20) zur theologischen Tradition, der Staat als demokratischer Rechts- und Sozialstaat zum positiven Ziel christlicher verantwortlicher Weltgestaltung erklärt wird. Die Kontinuität zur zumal protestantischen Geschichte des Staatsdenkens wird dabei über den Berufsgedanken hergestellt: „Die politische Verantwortung ist im Sinne Luthers ‚Beruf' aller Bürger in der Demokratie" (EKD 1992, S. 22). In diesem Zusammenhang politischer Verantwortung kommt der Rechtsordnung entscheidende Bedeutung zu: „Freiheit und soziale Gerechtigkeit brauchen zu ihrer Entfaltung das Recht. Deshalb ist der demokratische Staat auf Rechtsstaatlichkeit angewiesen" (EKD 1992, S. 31). Die Demokratie-Denkschrift vertritt auf dieser Basis eine „Ethik der Rechtsbefolgung" (EKD 1992, S. 31, 51), was durch die Rede von der geforderten „kritischen Solidarität" (EKD 1992, S. 23, vgl. S. 53) der Bürger mit dem demokratischen Rechtsstaat noch gestützt wird. Denn die legitime Kritik ist *de facto* eine Selbstkritik, indem sie den Staat an seinen eigenen Maßstäben misst: Die Kritik ruht auf einer „positive[n] Bewertung der freiheitlichen Demokratie" auf, die sich dadurch auszeichnet, „daß sie auch die gegebene Form der Demokratie daraufhin befragt, an welchen Stellen sie so verändert werden kann, daß Freiheit und Menschenwürde besser gewahrt, daß Gerechtigkeit und Frieden wirksamer gefördert werden können" (EKD 1992, S. 23). Gerade das letzte Zitat macht deutlich, wie kohärent der Weg von der grundsätzlichen „Ethik der Rechtsbefolgung" zu einer Friedenstheologie führt, die dem Grundsatz „Gerechter Friede durch Recht" folgt.

Wie bereits angedeutet, ist diese friedensethische Leitlinie kein spezifisches Produkt des Protestantismus. Die deutschen katholischen Bischöfe vertreten den gleichen Gedanken und erinnern an seine lange katholische Tradition: „Papst Benedikt XV. hat bereits 1917 verlangt, die Gewalt der Waffen durch die Macht des Rechts zu ersetzen" (Die deutschen Bischöfe 2000, S. 39; vgl. als Überblick: Justenhoven 2012). Aus dem nicht-theologischen Bereich ist „World Peace Through World Law" zu nennen, ein Buch, das auf der Basis einer reformierten Charta den Vereinten Nationen die Hauptrolle zur Stiftung eines Weltfriedens zusprach (Clark und Sohn 1958). Die Wurzeln dieses Gedankens reichen sehr viel weiter zurück als ins 20. Jahrhundert: über Kant (Kant 2005 [1795]; Lutz-Bachmann und Bohman 1996) und das Vernunftrecht der frühen Neuzeit bis zur menschheitsverbindenden *lex naturalis* der Stoiker.

2 Anfragen und Kritik

Trotz dieser langen und venerablen Tradition ist die enge Anbindung an das (internationale) Recht als friedensethischer Königsweg, der „strenge Legalismus" (Daase 2016, S. 34), wie er sich in den genannten EKD-Veröffentlichungen manifestiert, im gegenwärtigen deutschsprachigen Protestantismus auch kritisiert worden.

Zum einen wird dabei die Notwendigkeit einer Unterscheidung zwischen Ethik und Recht zur Geltung gebracht (vgl. zusammenfassend: Hofheinz 2014, S. 591ff.). Friedensethisch in Frage gestellt werden vor allem die wiederkehrenden Aussagen der Denkschrift von 2007, die die ethische Legitimität einer Intervention strikt an ihre formale Autorisierung durch den VN-Sicherheitsrat binden (EKD 2007, Nr. 113f., 140, 145, 149, 151). In diesem Sinne schreibt Ulrich Körtner: „Formale Völkerrechtswidrigkeit und ethische Legitimität schließen einander jedoch nicht unbedingt aus, es sei denn, man wollte eine ethische Theorie des gerechten Krieges und [sic – lies: „durch"] eine Völkerrechtstheorie ersetzen" (Körtner 2003, S. 368). Und bei Michael Haspel heißt es zugespitzt:

> „Anstatt aus der ethischen Argumentation Prinzipien herzuleiten, die dann positivrechtlich ausgestaltet werden sollen, werden hier die Einzelnormen des positiven Völkerrechts zum Substitut für ethische Kriterien. Damit wäre systematisch – man kann wohl unterstellen unintentional – die Position des Rechtspositivismus eingenommen. Der Begründungszusammenhang ist damit aufgehoben. Es fehlen dann die Möglichkeiten, das positive Recht aus der Perspektive des ethischen Diskurses zu kritisieren oder an seiner Weiterentwicklung mitzuwirken, da ja dem politisch-rechtlichen Diskurs alleinige Normativität zugestanden wurde" (Haspel 2002, S. 53; vgl. insgesamt Haspel 2006, S. 45ff.).[3]

Man mag es als – durchaus berechtigte – Reaktion auf den Vorwurf des Rechtspositivismus interpretieren, wenn das Afghanistan-Wort der EKD klarstellt:

> „Wenn die Denkschrift in diesem Zusammenhang von einer ‚Ethik rechtserhaltender Gewalt' spricht, so bezieht sich der dabei vorausgesetzte Begriff des Rechts nicht auf ein faktisch gegebenes

---

3 Die Kritik am Rechts*positivismus* des Ansatzes der EKD bedeutet bei Haspel keine Absage an die friedensethische Relevanz des (Völker-) Rechts an sich. Vgl. z. B. Haspel 2006, S. 152: „Die Lehre vom gerechten Krieg kann nur bezogen auf das bestehende internationale Recht entfaltet werden."

Rechtssystem, sondern normativ auf die in den grundlegenden Menschenrechten und einer legitimen Völkerrechtsordnung konkretisierte Rechtsidee" (EKD 2013, S. 12).

Zum anderen wird kritisch auf die Problematik eines primär institutionalistischen Ansatzes in der Friedensethik hingewiesen. Gerade der umfassende – und nicht bloß negativ als Abwesenheit von Krieg zu denkende – Friedensbegriff, wie ihn die Lehre vom gerechten Frieden voraussetzt, verlange eine Transformation der Herzen und nicht nur der Strukturen. Deshalb greife es zu kurz, den Frieden primär über die Rechtsordnung implementieren zu wollen. „Schon auf der innerpsychischen Ebene bleibt eine Handlungsmotivation aus bloßem Rechtsgehorsam fragil. Entsprechendes gilt für die politische Ebene der gesellschaftlichen Etablierung von Normen" (Lohmann 2017, S. 157). Unterstützung findet diese Kritik, wenn man die friedenspolitischen Entwicklungen seit den 1990er-Jahren, in denen die Grundzüge der die Denkschrift von 2007 tragenden friedensethischen Konzeption entwickelt wurden, berücksichtigt: Der Optimismus bezüglich einer rechtsbasierten globalen Kooperation im Rahmen der VN, der damals herrschte, ist einer breiten Ernüchterung angesichts der Blockade der VN durch partikular motivierte Interessensgegensätze gewichen. Die Rede ist von einer „Zuspitzung der institutionellen Krise der internationalen Politik" (Daase 2016, S. 33). Man kann diese „Weltunordnung" im Sinne der politiktheoretischen Schule des Realismus als Fakt zur Kenntnis nehmen und in abgeklärtem Gestus vom Gedanken einer globalen regelbasierten Friedensarchitektur Abschied nehmen (Masala 2016). Man kann die Analyse aber auch noch tiefer führen und das „Versagen des Westens" (Masala 2016) darauf zurückführen, dass nicht der moralisch begründete Interventionismus als solcher, sondern die Art seiner Implementierung zu kurz gegriffen hat, indem unter der Forderung nach *regime change* einseitig dem institutionellen Moment von Veränderung der

Vorrang gegeben wurde. Solche Überlegungen finden gegenwärtig ihren Niederschlag in der breit geführten wissenschaftlichen und politischen Debatte um die *Transitional Justice* als Bestandteil friedensbildender Prozesse in Nach-Konflikt-Gesellschaften (vgl. zum Folgenden: Lohmann 2019, S. 98ff.). Hier lässt sich seit den 2000er-Jahren eine Abwendung von einem (bloß) rechtlich und institutionell verstandenen *ius post bellum* hin zu einer umfassenderen Konzeption friedensstiftender Bedingungen der gerechten Ordnung feststellen, die auch Fragen des ökonomischen Wiederaufbaus und der zivilgesellschaftlichen Partizipation integriert, bis hin zum „holistischen" Ansatz einer *transformative justice*, die nun ausdrücklich auch Mentalitätsveränderungen im Sinne der oben genannten Transformation der Herzen einbezieht. Dabei handelt es sich weniger um eine Neu- als eine Wiederentdeckung, denn zumal in der theologischen Friedensforschung ist dieser mentalitätsorientierte transformative Ansatz seit Jahrzehnten bekannt.

So hat sich John Paul Lederach schon 1997 gegen eine „mechanical formula" der Befriedung von Konflikten gewandt – die auf das vorausweist, was später in der Konfliktforschung als *tool box approach* zusammengefasst wurde – und auf die „uniquely human dimensions" von Konflikten hingewiesen (Lederach 2010, S. 23). Lederach verwendet bereits den Transformationsbegriff und unterscheidet vier Dimensionen: „personal, relational, structural, and cultural" (Lederach 2010, S. 82). Wie weit das von einem Ansatz entfernt ist, der primär auf rechtsstaatliche Institutionenbildung in Nach-Konflikt-Gesellschaften setzt, mag aus folgender Aussage hervorgehen: „Prescriptively, transformation represents deliberate intervention to minimize the destructive effects of social conflict and maximize its potentialities for personal growth at physical, emotional, and spiritual levels" (Lederach 2010, S. 82). In diesem Kontext betont Lederach nicht zuletzt die bedeutende Rolle von Religionsgemeinschaften für die notwendige mentale und kulturelle

Transformation (Lederach 1995). Seine bekannt gewordene Pyramide verdeutlicht das erforderliche Zusammenspiel von „top-level", „middle-range" und „grassroots leadership", mit letzterem als Basis (Lederach 2010, S. 39).

Auf der Ebene der VN hat sich dieser Ansatz, wenn auch zögerlich, durchgesetzt. Die 2005 von der VN-Generalversammlung eingesetzte Peacebuilding Commission steht für „a coordinated, coherent and integrated approach to post-conflict peacebuilding and reconciliation with a view to achieving sustainable peace" (United Nations General Assembly 2005, S. 24), wobei aber im Gründungsdokument nach wie vor der Akzent auf der Institutionenbildung liegt:

> "The Commission should focus attention on the reconstruction and institution-building efforts necessary for recovery from conflict and support the development of integrated strategies in order to lay the foundation for sustainable development" (United Nations General Assembly 2005, S. 24).

Dieser Akzent ist nach und nach zugunsten eines mehr partnerschaftlichen Ansatzes zurückgewichen, bis hin zum HIPPO Report von 2015, in dem selbstkritisch „an overly technocratic focus on capitals and elite" (United Nations General Assembly/Security Council 2015, S. 12) attestiert wird. Bevorzugte Strategie ist nunmehr ein „community engagement", dass das Friedensprojekt in der lokalen Bevölkerung verwurzelt und mit ihr, nicht über sie hinweg, verwirklicht wird (United Nations General Assembly/Security Council 2015, S. 78).

Diese anti-institutionalistischen Überlegungen scheinen an der EKD bisher vorbeigegangen zu sein, denn im Afghanistan-Wort wird das relative Scheitern des Einsatzes nicht auf ein Zuviel, sondern auf ein Zuwenig der Implementierung des *institutional approach* zurückgeführt: „Insgesamt muss jedoch im Blick auf den Vorrang ziviler Friedenssicherung auch im Interesse eines möglichst geringen Einsatzes von militärischer Gewalt festgehalten werden, dass bisher zu wenig Kraft auf das Errichten eines staatlichen Gewaltmonopols und insbesondere rechtsstaatlicher Institutionen zur Kontrolle dieses Gewaltmonopols verwendet wurde. Dies sollte allen weiteren politischen und zivilen Bemühungen vorausgehen" (EKD 2013, S. 32). Demgegenüber ist in dem auf der Vollversammlung des Ökumenischen Rats der Kirchen in Busan 2013 auf den Weg gebrachten Konzept einer *pilgrimage of justice and peace* der *bottom-up* Ansatz und die Forderung nach einer jeder rechtlichen Regelung vorausliegenden Friedensspiritualität deutlich sichtbarer, nicht zuletzt in der Form des *call*, der auf eine schrittweise Implementierung des gerechten Friedens setzt und an alle Mitglieder der weltweiten Zivilgesellschaft ergeht (www.wccpilgrimage.org).

Den beiden genannten, voneinander unabhängigen Anfragen an die Leitvorstellung eines „Friedens durch Recht" möchte ich im Folgenden noch etwas genauer nachgehen, indem ich sie in den Kontext von Überlegungen einordne, die der historisch gewachsene Protestantismus hervorgebracht hat.

3 Rechtspositivismus, Legalismus und Widerstandsrecht

Wie angedeutet, führt die theologische Diskussion um die ethische Einordnung des staatlichen Rechts über die Friedensethik weit hinaus. Die EKD-Denkschrift von 2007 schreibt dem Recht große friedensstiftende Relevanz zu, weil sie auf dem grundsätzlicheren Konzept einer „Ethik der Rechtsbefolgung" aufruht, und wird eben deshalb von kritischen Stimmen des unterkomplexen Rechtspositivismus verdächtigt.

Solche Kritik muss sich allerdings davor in Acht nehmen, selbst unterkomplex zu werden. Mit guten Gründen haben zwei renommierte protestantische Theologen in jüngerer Zeit gerade eine stärkere Hinwendung zu rechtspositivistischen Positionen in der Rechtstheologie gefordert (Fischer 2007; Moxter 2011). Dabei geht es zumal um das Kriterium der Rechtssicherheit, das ja auch schon in den Überlegungen des späten Gustav Radbruch zur grundsätzlichen Akzeptanz des staatlich legitimierten Rechts – sozusagen als *default position* – geführt hat, dem nur in ganz spezifischen Ausnahmefällen der Gehorsam zu verweigern sei. Diesen Primat der Rechtssicherheit kann man durchaus unter das Attribut „rechtspositivistisch" einordnen. Zu denken ist dabei allerdings nicht an den stark weltanschaulich geprägten Rechtspositivismus Hans Kelsens, sondern an den eher „weichen" Primat positivierten Rechts, wie ihn Herbert Lionel Adolphus Hart vertreten hat.

Rechtssicherheit ist ein hohes ethisches Gut, auch aus theologischer Sicht. Das haben gerade die reformatorischen Theologien zur Geltung gebracht, die sich dabei nicht nur auf entsprechende Passagen der Bibel – vor allem Röm 13,1-7 – beriefen, sondern auch auf der Basis eigener Erfahrung und Interessen argumentierten (ausführlicher zu den reformatorischen Rechtstheologien: Lohmann 2018). Kontingente und systematische Erwägungen kommen dabei charakteristisch zusammen. Im Zentrum steht die pazifizierende, konfliktschlichtende Funktion des Rechts. Martin Luther, Philipp Melanchthon und Johannes Calvin sind allesamt Ordnungstheologen, die jede Form von Anarchie oder Aufstand missachten, weil sie in den (größeren) Unfrieden zu führen droht. Wichtig für den Primat, den sie dem Gehorsam gegenüber der weltlichen Obrigkeit zuschrieben, war aber auch die eigene gesellschaftliche Position als von Auslöschung bedrohter Minderheit, die nur über obrigkeitlichen Schutz, samt der entsprechenden positivierten Bestimmungen, ihre weitere Existenz zu sichern glaubte.

Auf dieser Basis argumentierten nicht nur die protestantischen Theologen, sondern auch die Fürsten, die sich ihnen angeschlossen hatten: Die Protestation von Speyer 1529 beruhte letztlich auf dem positivistischen Argument, den Reichsabschied von 1526 nicht revozieren zu wollen und zu können. In der Folge machen sich rechts- und ideengeschichtlich gerade protestantische Einflüsse geltend, wenn Recht kodifiziert wird, zumal in der Form von Grundrechtserklärungen (Witte 2007).

Nun zeigt aber gerade diese charakteristische Situation als protestierende Minderheit, dass der Protestantismus seit seinen Anfängen nicht nur konservativ-affirmierend, sondern auch kritisch zum weltlichen Recht steht. Denn eine „Reformation" impliziert immer auch kritische Elemente, selbst wenn sie sich – wie die Reformationsbewegung im 16. Jahrhundert – als Erinnerung an ursprüngliche Intentionen versteht. Die Kritik der Reformatoren galt dabei sowohl hinsichtlich der verfassten Kirche als auch hinsichtlich der weltlichen Obrigkeit. Das Bestreben, Kritik mit Gestaltung zu verbinden, wie es Paul Tillich als grundsätzliches Moment des Protestantismus bestimmt hat (Tillich 1962 [1929]), führte dabei zu ganz unterschiedlichen Ausprägungen: mahnende Beratung der politischen Elite, Verweis auf die Billigkeit bei der Auslegung des Rechts, Aufbau zivilgesellschaftlicher Strukturen, ziviler Ungehorsam, gewaltsamer Widerstand.

Gerade diese letzte Komponente protestantischer Rechtskritik ist dabei friedensethisch relevant, denn sie zeigt, dass in Ausnahmefällen ein Handeln entgegen der doppelten *default position* – Rechtsgehorsam und Gewaltverzicht – legitimiert werden konnte. Eine Prise Rechtspositivismus bleibt aber auch jedenfalls den klassisch-protestantischen Ausführungen zum Widerstandsrecht zu eigen, indem sie das Recht zum Widerstand primär bei den – zumindest ansatzweise – rechtlich legitimierten unteren Funktionsträgern der Politik ansetzten. Überdies wird der Widerstand auch insofern rechtsimmanent begründet, als er nicht von einer Position außerhalb des bestehenden Rechts aus geführt wird, sondern beansprucht, Verstöße der herrschenden Ordnung gegen die eigentlichen Intentionen des Rechts zu bekämpfen. Es wird also mit dem Recht gegen das Recht argumentiert und, wenn unvermeidbar, gewaltsam gestritten. Denn darin sind die klassischen Positionen reformatorischer Rechtstheologie nun wirklich von jedem prinzipiellen Rechtspositivismus geschieden: Sie gehen von einem Zusammenhang von Recht und Moral aus, bei dem letztere, über die Forderung nach Gerechtigkeit im Sinne einer asymmetrisch zugunsten von Minderheiten interpretierten Goldenen Regel, das bestimmende Moment ist (oder besser gesagt: sein sollte, denn ob die konkreten politischen Ratschläge und Stellungnahmen der Reformatoren diesem ihrem eigenen normativen Maßstab immer gerecht wurden, ist zumindest diskutabel).

Mit ihrer moralisch fundierten Rechtsvorstellung bietet die reformatorische Rechtstheologie interessante Anknüpfungspunkte für die gegenwärtige Debatte um Legalität und Legitimität, indem sie das Recht ganz klar unter den Vorbehalt einer moralischen Gerechtigkeitsvorstellung stellt – was mehr ist als eine bloße „Rechtsidee" (EKD 2013, S. 12) –, zugleich aber (1) deren Angewiesenheit auf Implementierung durch rechtliche Positivierung hervorhebt, (2) einen eventuellen Verstoß gegen das gesetzte Recht zu einer *ultima ratio*-Option erklärt, also im Sinne der Radbruchschen Formel der legalen Rechtssicherheit, wenn irgend möglich, den Vorrang vor legitimen Gerechtigkeitsinteressen gibt und (3) selbst solch eingeschränkten Widerstand gegen die rechtliche Ordnung nach Möglichkeit nur durch dazu rechtlich autorisierte Instanzen legitimiert. Das Miteinander dieser Kriterien gibt der protestantischen Widerstandslehre in der langen theologischen und philosophischen Reflexionsgeschichte eines innerstaatlichen

Widerstandsrechts (Spindelböck 1994; Leiner et al. 2005; Elpel 2017) ihr besonderes Gepräge.

An diesen grundsätzlichen Bestimmungen aus ihrer eigenen Gründungsgeschichte kann eine protestantische Rechtstheologie auch dann festhalten, wenn sie unter den Bedingungen des demokratischen Rechtsstaats betrieben wird. Der moderne Verfassungsstaat hat die moralische Gerechtigkeitsvorstellung in Form der Grundrechte inkorporiert, so dass sich die für die Reformatoren noch virulente Frage nach dem Widerstand gegen eine illegitime Obrigkeit in dieser Staatsform nicht mehr stellt. Die Frage der immanenten Rechtskritik wird dadurch jedoch umso lauter. Das Einhalten der „bloß formalen Regeln der Konsensbildung, der Mehrheitsfindung und der Gewaltenteilung" allein reicht nicht aus, um einen Rechtsgehorsam zu legitimieren (so Huber 1983, S. 120, gegen Trutz Rendtorff, von dem das Zitat stammt), sondern der Staat ist an den inhaltlich-substantiellen Vorgaben zu messen, die er sich selbst gegeben hat. Zudem können sich in einer Demokratie alle Bürgerinnen und Bürger als politische Subjekte verstehen, so dass das reformatorische Insistieren auf eine Autorisierung zu Ungehorsam beziehungsweise Widerstand durch ein politisches Amt an Bedeutung verloren hat. Selbst Walter Künneth, der in den 1950er-Jahren in der damaligen gesellschaftlichen wie theologischen Debatte in Anknüpfung an die lutherische Ordnungstheologie die „Idee einer ‚amtlichen Vollmacht' als Voraussetzung des Widerstandsrechtes" prominent vertrat (Johst 2016, S. 84), hat diese Idee relativiert: „Auch der einfache Staatsbürger kann, bedingt durch den Umstand der Verhältnisse, in eine solche Amtsstellung hineinwachsen" (Künneth 1954, S. 14).

Weitgehender theologischer Konsens besteht auch darin, dass der Widerstand in aller Regel gewaltfrei zu geschehen hat. Entsprechend umstritten war die finanzielle Unterstützung von gewaltbereiten Widerstandsbewegungen im Rahmen des Prozesses der Dekolonialisierung und der Anti-Apartheids-Bewegung durch einige Gliedkirchen der EKD (Widmann 2013). Gewaltfreie Maßnahmen, die sich nicht gegen die Rechtsordnung als ganze, sondern gegen einzelne Gesetze und ihre rechtspraktische Auslegung richten, werden unter dem Stichwort „ziviler Ungehorsam" zusammengefasst (Remele 1992), bis hin zu einer „Pflicht zum Ungehorsam" (Huber 1983), wobei der reformatorische Gedanke, hiermit die staatliche Ordnung gegen sich selbst zu verteidigen, aufrecht erhalten wird: „Die Aufkündigung der Loyalität gegenüber solchen Entscheidungen geschieht dann aber gerade auf der Grundlage der bleibenden Loyalität gegenüber dem Staat, dem politisch verfaßten Gemeinwesen selbst" (Huber 1983, S. 118). Ziel ist dabei einerseits, durch öffentlichen Protest auf eine Änderung „ungerechter" beziehungsweise rechtlich inkohärenter Entscheidungen hinzuwirken. Andererseits geht es darum, unmittelbaren Schaden abzuwenden. Als aktuelles und prominentes Beispiel kann das Kirchenasyl gelten (Lesch 2005; Reuter 1996). Auch hier bleibt der Anspruch auf Immanenz der Rechtskritik gewahrt, denn im Hintergrund stehen „Überzeugungen und Ziele, die sich auf das Menschenrechtsethos und damit auf in unserer politischen Kultur und Verfassung verankerte grundlegende Rechtsprinzipien berufen können" (Reuter 1996, S. 209). Das alles steht unter der Überschrift des „Erinnerns", mit der die fünfte These der Barmer Theologischen Erklärung die Aufgabe der Kirche für das politische Gemeinwesen genial zusammengefasst hat.

Der zivile Ungehorsam unserer Tage bleibt durchaus im Rahmen der reformatorischen Hochschätzung staatlichen beziehungsweise obrigkeitlichen Rechts. Er zeigt aber auch, dass diese Hochschätzung nicht rechtspositivistisch oder im Sinne des bloßen Einhaltens rechtlich vorgegebener Verfahren missverstanden werden darf. Sofern es ein spezifisch protestantisches „Ethos der Rechtsbefolgung" gibt, dann nur in einem inhaltlich gefüllten Sinn, der rechtliche Strukturen und Verfahren ehrt, aber nicht verabsolutiert. Vor diesem Hintergrund erscheint die Kritik an einem Hang zum „Legalismus" in den friedensethischen Verlautbarungen der EKD in den 2000er-Jahren als theologisch gerechtfertigt. Das Insistieren etwa auf einem Mandat des VN-Sicherheitsrats vor einer humanitären militärischen Intervention (EKD 2007, Nr. 113f., 140, 145, 149, 151) ist grundsätzlich richtig, weil es den Bestimmungen der VN-Charta entspricht. Wenn aber die Befürworter einer Schutzverantwortung damit argumentieren, die VN seien aufgrund ihrer Charta zum weltweiten Einsatz für die Menschenrechte verpflichtet, und in diesem Zusammenhang bei hochgradigen Verstößen gegen den Menschenrechtsschutz sogar eine Analogie zur Tradition des innerstaatlichen Widerstandsrechts hergestellt wird (Elpel 2017), dann spiegelt sich darin ein Gestus des „Erinnerns", wie er der politischen Ethik des Protestantismus seit ihren Ursprüngen sehr vertraut ist. Auch hier gilt der Maßstab: „Das Widerstandsrecht ist das Instrument des Friedens, nicht des Kriegs" (Elpel 2017, S. 710). Nur ein in diesem Sinn kritisch reflektiertes und zur Not gegen sich selbst angewandtes (Völker-) Recht wird seiner Aufgabe, Frieden zu stiften, gerecht, und nur im Rückgriff auf einen so qualifizierten Rechtsbegriff ist die Formel „Frieden durch Recht" theologisch sinnvoll. Aus einer am historischen Protestantismus geschulten Sicht hat die Formel durchaus ihre Berechtigung, aber nur, wenn dabei das Recht permanent an seinen selbstgemachten Vorgaben gemessen wird.

4 Die Transformation der Herzen

Die relativierende Sicht auf die friedensethischen Möglichkeiten eines rechtsbasierten Ansatzes hängt bei den Reformatoren auch damit zusammen, dass sie – Jahrhunderte vor gegenwärtigen Krisendiagnosen – die Korrumpierbarkeit politischer und rechtlicher Ordnung durch Partikularinteressen klar vor Augen hatten. Ein gerechter, seine eigenen Interessen zugunsten des Gemeinwohls zurückstellender politischer Führer ist ein seltenes Gut – das wusste schon Luther. Und hinsichtlich des „Pöbels" waren seine Aussagen noch weniger schmeichelhaft. Insofern wird oft und mit Recht von einer skeptischen Sicht auf den Menschen gesprochen, die die reformatorischen Theologien insgesamt miteinander verbinde. Nicht unterschlagen werden sollte aber, dass die Reformatoren trotz dieser fundamentalen Skepsis an einer – begrenzten – Bildungsfähigkeit des Menschen festhielten. Die Reformation ist nicht zuletzt eine große Bildungsbewegung, deren Zutrauen zu den verstandesmäßigen Ressourcen des Menschen so weit ging, dass sie ihm eine eigene Meinungsbildung hinsichtlich der christlichen Botschaft zutraute. Bibelübersetzungen, liturgische Veränderungen, Katechismusausgaben und die These vom Priestertum aller Getauften belegen dieses Zutrauen im Raum der Kirche. Durch Schulgründungen griff diese zunächst innerkirchliche Bildungsanstrengung auf die Gesamtgesellschaft über. Der Gedanke des mündigen Christen und der des mündigen Bürgers gehören zusammen. Bildung wurde dabei gerade auch als moralische Bildung verstanden und damit als Erziehung zum Frieden: „Wenn sie [die Kinder] es dann nun wissen, daß sie ja keinen verachten, spotten, noch übel davon reden, sondern (sie sollen sie) allesamt ehren und Großes davon halten; das gefällt Gott gut und dient zu Frieden und Einigkeit, denn Gott ist ein großer Herr, hat mancherlei Hausgesinde" (Luther 1967 [1530], S. 254). Nicht nur von oben her, durch die weltliche Obrigkeit und ihre Gesetze, sondern auch unten, beim „Hausgesinde", wird somit Frieden implementiert.

Ein friedensethischer *bottom-up approach* der Transformation der Herzen kann bei dieser Hochschätzung von Mündigkeit und Bildung ansetzen. Er kann aber auch die These vom Primat des

Glaubens über die Werke anführen, wie er die protestantischen Theologien von jeher auszeichnet und miteinander verbindet. Glaube oder Unglaube werden dabei als fundamentale Einstellungen verstanden, die in den Werken ihre natürliche Expression finden. Luther greift dafür zum Beispiel gern auf das biblische Bild vom Baum und seinen Früchten zurück. Die äußere Qualität des ausgeführten Werks verblasst, ja wird irrelevant gegenüber der zugrundeliegenden Einstellung beziehungsweise Gesinnung, der Quelle und Wurzel des Handelns, die allein über die Güte eines Werks bestimmt – so Luther 1520 im „Sermon von den guten Werken".

Solche Überlegungen erscheinen nach wie vor relevant. Könnte das Vorbeigehen an Einstellungen und Gesinnungen, wie es einen rechtszentrierten Ansatz der Friedensethik kennzeichnet, ein Grund sein für die Schwierigkeiten seiner Implementierung? Jedenfalls müsste er komplementär von Bildungsbemühungen und breiter zivilgesellschaftlicher Partizipation begleitet werden. Der Ansatz der ökumenischen *pilgrimage* könnte hier weiterführen, ebenso wie der holistische Ansatz in der Friedens- und Konfliktforschung, der sich einer mentalen und kulturellen Transformation von Post-Konflikt-Gesellschaften verpflichtet sieht, sowie die Überlegungen zu einem *community engagement* in der aktuellen VN-Peacebuilding-Strategie. Die Kirchen sind in der Regel moralisch hoch angesehene Akteure in politisch zerrütteten Gesellschaften. Friedensethisches Handeln fängt damit an, in kleinen lokalen Strukturen, wie sie Kirchengemeinden in einzigartiger Weise verkörpern, auf Veränderungen der Gesinnung in Richtung einer „Friedensspiritualität" hinzuwirken, durch Aktionen, exemplarische Dialoge und Bildungsarbeit. Der durch solche Anstrengungen im Innern der Menschen verankerte Respekt vor dem potentiellen oder tatsächlichen Feind ist Voraussetzung des Friedens, noch vor jeder Rechtsordnung und dem von ihr geforderten Gehorsam.

„Frieden durch Recht" – protestantische Anfragen

Die EKD ist in diesem Sinne bereits in vielfacher Hinsicht weltweit als Friedensmaklerin tätig. In ihren friedensethischen Verlautbarungen der letzten Jahrzehnte bleibt dieser Aspekt jedoch merkwürdig unterbelichtet. Auch wenn das eine Relativierung der Formel „Frieden durch Recht" bedeutet: Eine stärkere Berücksichtigung des genannten *bottom up approach* der Friedensbildung würde bedeuten, dass die EKD in ihren friedensethischen Publikationen, wie in der Friedens-Denkschrift von 1981, „Frieden wahren, fördern und erneuern", die spezifisch kirchlichen Friedensaufgaben in den Blick nimmt und weniger im Gestus des Ratschlags an politische Eliten formuliert. „Staatliche Sicherheits- und Friedenspolitik muss von den Konzepten der ‚Menschlichen Sicherheit' und der ‚Menschlichen Entwicklung' her gedacht werden" (EKD 2007, Nr. 197). Dieser exemplarische Satz aus der EKD-Friedensdenkschrift von 2007 mag verdeutlichen, was gemeint ist.

Dabei sollte aus dem Gesagten klar sein, dass es nicht das Ziel dieser Ausführungen ist, Politikberatung und Herzensbildung gegeneinander auszuspielen. Wenn hier von der Transformation der „Herzen" die Rede ist, so ist keine bloße gefühlige Innerlichkeit im Blick. Es geht im Sinne des hebräischen Begriffs für „Herz", der zentral für die Anthropologie des Alten Testaments ist, um das Personzentrum des Menschen, auch und gerade im Sinne der Basis verstandesmäßiger Überlegung (Janowski 2015). Und die Arbeit an der Bildung der Herzen hat unmittelbare moralische und politische Konsequenzen, wenn sie ihr Ziel erreicht, Handeln aus moralischer Überzeugung für das Gemeinwohl zu ermöglichen, das in Sachen Nachhaltigkeit instrumentellen Erwägungen, die bloß moralanalog sind, weil sie im Kantschen Sinne pflichtgemäß, aber nicht aus Pflicht erfolgen, klar überlegen ist. Wes das Herz voll ist, des geht der Mund über. Will sagen: Herzensbildung führt in die Aktion, nicht zuletzt die politische.

5 Vernetzter Ansatz von Recht und Moral, Politik und Bildung

Beide genannten Kritikpunkte an der Formel „Frieden durch Recht" als friedensethischem Königsweg hängen miteinander zusammen. Es ergibt sich bei den Reformatoren aus der moralischen Ableitung des Rechts, dass sie dem Recht zwar hohe friedensstiftende Kompetenz zubilligen, es aber einbinden in ein Programm umfassender obrigkeitlicher Bildungsverantwortung. Gerade den Kirchen und Religionsgemeinschaften kommt aus dieser Sicht eine wichtige Rolle als Partner des Staats zu: Wenn die Reformatoren der Obrigkeit die *cura religionis* ans Herz legen, dann appellieren sie damit nicht zuletzt an deren Selbstinteresse, da Friedensbildung eine wichtige Aufgabe der Predigt ist. Äußerer Rechtsgehorsam der Bürger verlangt eine stabile Basis innerer Überzeugung, die von der Politik und vom Recht nur bedingt erzeugt und gestützt werden kann. Aus dieser Perspektive ist es wirklich erstaunlich, dass gerade die EKD als Sachwalterin der reformatorischen Ethik „das Errichten eines staatlichen Gewaltmonopols und insbesondere rechtsstaatlicher Institutionen zur Kontrolle dieses Gewaltmonopols" in Afghanistan, noch vor „allen weiteren politischen und zivilen Bemühungen", in den Vordergrund rückt (EKD 2013, S. 32) und nicht vielmehr die vorausgehende Bewusstseinsbildung – bei Bürgern, Bürgerinnen und staatlichen Akteuren (Korruption als mangelnde Gemeinwohlorientierung!) – als Erfolgsvoraussetzung jeder institutionellen Veränderung betont, inklusive der langfristigen Perspektive, ohne die solche Bildungsarbeit zum Scheitern verurteilt ist. Die EKD bleibt damit noch jenseits von denjenigen Konfliktforschern stehen, die auch post Afghanistan am Gedanken des primär institutionell gedachten „democratic peacebuilding" festhalten, dieses aber immerhin kommunitär und partizipativ unterfüttern wollen (so Ponzio 2011).

Zur langfristigen Perspektive, die in diesem Beitrag gefordert wird, gehört auch die Arbeit an Institutionen und rechtsstaatlichen Verhältnissen. Es wäre daher ein Missverständnis zu folgern, es ginge ihm um eine Herabwürdigung derartiger Bemühungen. Beide Ansätze – *top down* und *bottom up* – müssen miteinander kombiniert werden, wenn Friedensarbeit erfolgreich sein soll. Der VN-Generalsekretär hat schon 2001 in diesem Sinne eine „comprehensive strategy" bei Friedensmissionen gefordert (United Nations Security Council 2001, S. 5). Im Rückgriff auf die in Kapitel 1 beschriebene Entwicklung der (kirchenoffiziellen) Friedensethik der EKD heißt das: Es käme darauf an, die konkrete Friedensverantwortung der Kirchen im Sinne der Friedensdenkschrift von 1981 mit dem stärker an rechtlichen und politischen Institutionen orientierten Ansatz der Denkschrift von 2007 zu vernetzen.

Literatur

Clark, Grenville und Louis B. Sohn. 1958. *World Peace Through World Law. Two Alternative Plans*. Cambridge, MA: Harvard University Press.

Daase, Christopher. 2016. Orientierung zwischen Gesinnung und Verantwortung. Die Krise der internationalen Ordnung als friedensethische Herausforderung. *Zur Sache bw* 30: 32–36.

Delbrück, Jost. 1984. Christliche Friedensethik und die Lehre vom gerechten Krieg – in völkerrechtlicher Sicht. In *Gottes Friede den Völkern. Dokumentation des wissenschaftlichen Kongresses der Evangelischen Kirche in Deutschland und der Nordelbischen Evangelisch-Lutherischen Kirche vom 17. bis 19. Juni 1984 in Kiel*, hrsg. von Eduard Lohse und Ulrich Wilckens in Zusammenarbeit mit Sebastian Borck und Rüdiger Schloz, 49–62. Hannover: Lutherisches Verlagshaus.

Delbrück, Jost. 2003. „Schritte auf dem Weg zum Frieden". Anmerkungen aus völkerrechtlicher Sicht zu den jüngsten Verlautbarungen der EKD. *Zeitschrift für Evangelische Ethik* 47 (3): 167–180.

Die deutschen Bischöfe. 2000. *Gerechter Friede*. 2. Aufl. Bonn: Deutsche Bischofskonferenz.

Elpel, Tessa A. 2017. *Das Widerstandsrecht. Eine rechtsphilosophische und völkerrechtliche Betrachtung der Legitimität innerstaatlichen Widerstands zur Durchsetzung von Menschenrechten*. Baden-Baden: Nomos.

Evangelische Kirche in Deutschland (EKD). 1982. *Frieden wahren, fördern und erneuern. Eine Denkschrift der Evangelischen Kirche in Deutschland* (1981). 3. Aufl. Gütersloh: Gütersloher Verlagshaus.

Evangelische Kirche in Deutschland (EKD). 1992. Evangelische Kirche und freiheitliche Demokratie. Der Staat des Grundgesetzes als Angebot und Aufgabe. Eine Denkschrift der Evangelischen Kirche in Deutschland (1985). In Evangelische Kirche in Deutschland (Hrsg.). *Die Denkschriften der Evangelischen Kirche in Deutschland*. Bd. 2/4: Soziale Ordnung – Wirtschaft – Staat, 9–54. Gütersloh: Gütersloher Verlagshaus.

Evangelische Kirche in Deutschland (EKD). 2001 [1994]. *Schritte auf dem Weg des Friedens. Orientierungspunkte für Friedensethik und Friedenspolitik. Ein Beitrag des Rates der Evangelischen Kirche in Deutschland* (1994). 3., um eine Aktualisierung ergänzte Aufl. Hannover: EKD.

Evangelische Kirche in Deutschland (EKD). 2007. *Aus Gottes Frieden leben – für gerechten Frieden sorgen. Eine Denkschrift des Rates der Evangelischen Kirche in Deutschland*. 2. Aufl. Gütersloh: Gütersloher Verlagshaus.

Evangelische Kirche in Deutschland (EKD). 2009a. *Soll es künftig kirchlich geschlossene Ehen geben, die nicht zugleich Ehen im bürgerlich-rechtlichen Sinne sind? Zum evangelischen Verständnis von Ehe und Eheschließung. Eine gutachtliche Äußerung*. Hannover: EKD.

Evangelische Kirche in Deutschland (EKD). 2009b. *Transparenz und Gerechtigkeit. Aufgaben und Grenzen des Staates bei der Besteuerung*. Hannover: EKD.

Evangelische Kirche in Deutschland (EKD). 2013. *„Selig sind die Friedfertigen". Der Einsatz in Afghanistan: Aufgaben evangelischer Friedensethik. Eine Stellungnahme der Kammer für Öffentliche Verantwortung der EKD*. Hannover: EKD.

Fischer, Johannes. 2007. Rechtspositivismus und die Begründung überpositiver Rechte. In *Vom Rechte, das mit uns geboren ist". Aktuelle Probleme des Naturrechts*, hrsg. von Wilfried Härle und Bernhard Vogel, 171–201. Freiburg: Herder.
Haspel, Michael. 2002. *Friedensethik und Humanitäre Intervention. Der Kosovo-Krieg als Herausforderung evangelischer Friedensethik.* Neukirchen-Vluyn: Neukirchener.
Haspel, Michael. 2003. Evangelische Friedensethik nach dem Irakkrieg. 10 Jahre Orientierungspunkte für Friedensethik und Friedenspolitik der EKD. *Zeitschrift für Evangelische Ethik* 47 (4): 264–279.
Haspel, Michael. 2006. Menschenrechte, internationale Verteilungsgerechtigkeit und institutionalisierte Konfliktregelung. Perspektiven für die Weiterentwicklung von Kriterien zur Prüfung der legitimen Anwendung militärischer Gewalt. In *„What we're fighting for…". Friedensethik in der transatlantischen Debatte*, hrsg. von Gerhard Beestermöller, Michael Haspel und Uwe Trittmann, 138–155. Stuttgart: W. Kohlhammer.
Hofheinz, Marco. 2014. *„Er ist unser Friede". Karl Barths christologische Grundlegung der Friedensethik im Gespräch mit John Howard Yoder.* Göttingen: Vandenhoeck & Ruprecht.
Huber, Wolfgang. 1983. Die Grenzen des Staats und die Pflicht zum Ungehorsam. In *Ziviler Ungehorsam im Rechtsstaat*, hrsg. von Peter Glotz, 108–126. Frankfurt a. M.: Suhrkamp.
Janowski, Bernd. 2015. Das hörende Herz. Zum Personverständnis des Alten Testaments. In *Leibhaftes Personsein. Theologische und interdisziplinäre Perspektiven*, hrsg. von Elisabeth Gräb-Schmidt, Matthias Heesch, Friedrich Lohmann, Dorothee Schlenke und Christoph Seibert, 3–19. Leipzig: EVA.
Johst, David. 2016. *Begrenzung des Rechtsgehorsams. Die Debatte um Widerstand und Widerstandsrecht in Westdeutschland 1945–1968.* Tübingen: Mohr Siebeck.
Justenhoven, Heinz-Gerhard. 2012. Frieden durch Recht. Zur Relevanz des internationalen Rechtes in der Friedensethik der katholischen Kirche. In *Friedensfähigkeit und Friedensvisionen in Religionen und Kulturen*, hrsg. von Mariano Delgado, Adrian Holderegger und Guido Vergauwen, 149–166. Stuttgart: Kohlhammer.

Kant, Immanuel. 2005 [1795]. Zum Ewigen Frieden. Ein philosophischer Entwurf. In *Werke in sechs Bänden*, Bd. VI, hrsg. von Wilhelm Weischedel, 191–251. 6. Aufl. Darmstadt: Wissenschaftliche Buchgesellschaft.

Körtner, Ulrich H. J. 2003. „Gerechter Friede" – „gerechter Krieg". Christliche Friedensethik vor neuen Herausforderungen. *Zeitschrift für Theologie und Kirche* 100 (3): 348–377.

Künneth, Walter. 1954. *Das Widerstandsrecht als theologisch-ethisches Problem*. München: Claudius-Verlag.

Lederach, John Paul. 1995. *Preparing for Peace. Conflict Transformation Across Cultures*. Syracuse, NY: Syracuse University Press.

Lederach, John Paul. 2010. *Building Peace. Sustainable Reconciliation in Divided Societies*. 9. Aufl. Washington, DC: United States Institute of Peace Press.

Leiner, Martin, Hildigund Neubert, Ulrich Schacht und Thomas A. Seidel. 2005. *Gott mehr gehorchen als den Menschen. Christliche Wurzeln, Zeitgeschichte und Gegenwart des Widerstands*. Göttingen: V & R unipress.

Lesch, Walter. 2005. Christliche Überzeugungen und die Pflicht zum Ungehorsam im Rahmen des Rechtsstaats. Am Beispiel katholischer Positionen zum „Kirchen-Asyl". In *Gott mehr gehorchen als den Menschen. Christliche Wurzeln, Zeitgeschichte und Gegenwart des Widerstands*, hrsg. von Martin Leiner, Hildigund Neubert, Ulrich Schacht und Thomas A. Seidel, 317–330. Göttingen: V & R unipress.

Lohmann, Friedrich. 2017. Die friedensethische Bedeutung der Kategorie Gerechtigkeit. In *Handbuch Friedensethik*, hrsg. von Ines-Jacqueline Werkner und Klaus Ebeling, 151–162. Wiesbaden: Springer VS.

Lohmann, Friedrich. 2018. Das weltliche Recht und seine Bedeutung für den Frieden in den reformatorischen Theologien. In *Recht in der Bibel und in kirchlichen Traditionen,* hrsg. von Sarah Jäger und Arnulf von Scheliha, 45–74. Wiesbaden: Springer VS.

Lohmann, Friedrich. 2019. Gerechter Frieden und Menschenrechte. Entwurf einer Theologie der Menschenrechte in friedensethischer Absicht. In *Eine Theologie der Menschenrechte,* hrsg. von Sarah Jäger und Friedrich Lohmann, 47–120. Wiesbaden: Springer VS.

Luther, Martin. 1967 [1530]. Eine Predigt, dass man Kinder zur Schule halten solle. In *Luther Deutsch. Die Werke Martin Luthers in neuer Auswahl für die Gegenwart*. Bd. 7, hrsg. von Kurt Aland, 230–262. Stuttgart: Klotz / Göttingen: Vandenhoeck & Ruprecht.

Lutz-Bachmann, Matthias und James Bohman (Hrsg.). 1996. *Frieden durch Recht. Kants Friedensidee und das Problem einer neuen Weltordnung*. Frankfurt a. M.: Suhrkamp.
Masala, Carlo. 2016. *Weltunordnung. Die globalen Krisen und das Versagen des Westens*. München: C. H. Beck.
Moxter, Michael. 2011. Die Kirche und ihr Recht. Perspektiven einer theologischen Annäherung an den Rechtspositivismus. *Zeitschrift für evangelisches Kirchenrecht* 56 (2): 113–139.
Ponzio, Richard J. 2011. *Democratic Peacebuilding. Aiding Afghanistan and other Fragile States*. Oxford: Oxford University Press.
Remele, Kurt. 1992. *Ziviler Ungehorsam. Eine Untersuchung aus der Sicht christlicher Sozialethik*. Münster: Aschendorff.
Reuter, Hans-Richard. 1996. Kirchenasyl und staatliches Asylrecht. Zur Renaissance eines kirchlichen Rechtsinstituts (1994). In *Rechtsethik in theologischer Perspektive. Studien zur Grundlegung und Konkretion*, hrsg. von Hans-Richard Reuter, 184–209. Gütersloh: Gütersloher Verlagshaus.
Spindelböck, Josef. 1994. *Aktives Widerstandsrecht. Die Problematik der sittlichen Legitimität von Gewalt in der Auseinandersetzung mit ungerechter staatlicher Macht. Eine problemgeschichtlich-prinzipielle Darstellung*. St. Ottilien: EOS Verlag.
Tillich, Paul. 1962 [1929]. Der Protestantismus als kritisches und gestaltendes Prinzip. In Tillich, Paul. *Der Protestantismus als Kritik und Gestaltung. Schriften zur Theologie I*, 29–53. Stuttgart: Evangelisches Verlagswerk.
United Nations General Assembly. 2005. Resolution adopted by the General Assembly on 16 September 2005. 2005 World Summit Outcome. New York: United Nations. http://www.un.org/en/development/desa/population/migration/generalassembly/docs/globalcompact/A_RES_60_1.pdf. Zugegriffen: 1. Juni 2019.
United Nations General Assembly/Security Council. 2015. Report of the High-level Independent Panel on Peace Operations on uniting our strengths for peace: politics, partnership and people. New York: United Nations. https://undocs.org/A/70/95. Zugegriffen: 1. Juni 2019.
United Nations Security Council. 2001. No exit without strategy: Security Council decision-making and the closure or transition of United Nations peacekeeping operations. Report of the Secretary-General.

New York: United Nations. https://www.globalpolicy.org/images/pdfs/0420sgreport.pdf. Zugegriffen: 2. Juni 2019.

Widmann, Alexander Christian. 2013. *Wandel mit Gewalt? Der deutsche Protestantismus und die politisch motivierte Gewaltanwendung in den 1960er und 1970er Jahren*. Göttingen: Vandenhoeck & Ruprecht.

Witte, John, Jr. 2007. *The Reformation of Rights. Law, Religion, and Human Rights in Early Modern Calvinism*. Cambridge, UK: Cambridge University Press.

Rechtliche Unbestimmtheit und positiver Frieden

Tim Wihl

1 Einleitung

Unbestimmtheit ist nicht per se ein politisches, moralisches oder ethisches Problem.[1] Auch wenn sie stets zu Auslegungskontroversen, also nichts weniger als dem täglichen Brot der juristischen Profession, und selbst zu Infragestellungen der Rechtsnatur bestimmter sich als „normativ", also potentiell wirksam ausweisender Sätze führt, sofern diese etwa als „bloß programmatisch" oder „rein politische Absichtserklärungen" abgetan werden[2], unterscheidet sich ihr ethischer Status doch grundlegend je nachdem, *wen* diese Unbestimmtheit ermächtigt und *wen* sie in der Willensbetätigung einschränkt.

---

[1] Für wichtige völkerrechtliche Anregungen und Hinweise danke ich Hannah Birkenkötter und den Teilnehmenden der Konsultationen.

[2] Diese Strategie im Umgang mit Rechtstexten begegnet zumal im Umgang mit ambitionierten und politökonomisch kontroversen Normen, etwa auf dem verteilungsrelevanten Feld des Schutzes sozialer Menschenrechte; für Deutschland dagegen vgl. insbesondere Eichenhofer 2012; international: Fischer-Lescano und Möller 2012.

Folgende simple Hypothese sei daher erlaubt: Unbestimmtheit wird dann zum grundlegenden politisch-ethischen Störfaktor, der einen positiven Frieden verunmöglicht, wenn sie Mächtige weiter ermächtigt oder Ohnmächtige in ihrer Wirkungskraft beschränkt. Dabei potenziert sich das Problem, wenn die strukturellen Nachteile im Rechtsbestand *offen* zutage liegen. Das gilt allerdings auch für ein Recht, das Schwächere offen bevorzugt und sehr rasch in Akzeptanznöte geraten kann, wenn sich politisch regressive Strömungen (wie derzeit) weltweit im Aufwind befinden. In solchen Situationen des Angriffs auf die Rationalität selbst tritt die Funktion des Rechts, vor allem Erwartungen zu stabilisieren, wieder in den Vordergrund. Es handelt sich dann um eine Art taktischen Rückzug der Jurisprudenz auf ihr vermeintliches „Kerngeschäft", der aber nicht verdecken sollte, dass der Begriff des Rechts über das Stabilisierungsmoment immer schon hinausweist. Die Hoffnung auf ein Durchschreiten der politischen Talsohle in ein gelobtes Land ist anders als mittels eines vollständigeren Rechtsbegriffs auch kaum denkbar (hier klingt selbstverständlich das Exodus-Motiv an; dazu politisch-philosophisch: Walzer 1995; Hindrichs 2017, S. 296ff.).

Es stellt sich dann die Frage: Wann kommen diese Problemfälle der Ermächtigung der Starken vice versa im Recht der internationalen Friedenssicherung vor?

Vorab ist aber zu klären, welche Kriterien rechtliche Unbestimmtheit erkennen lassen. Der Begriff wird hier statt des graduellen, eigentlich passenderen der *Unterbestimmtheit* gewählt, weil er die rechtstheoretische Debatte seit Jahrzehnten prägt. Stellvertretend sei nur auf die kanonische Diskussion im Anschluss an Herbert L. A. Hart (2011) verwiesen (vgl. auch das dortige Nachwort von Christoph Möllers).

2 Kriterien völkerrechtlicher Unbestimmtheit

Die Debatte um „indeterminacy" im Völkerrecht (dazu übersichtlich auf dem neuesten Stand: Miles 2019) unterscheidet sich in einem wesentlichen Akzent von derjenigen im nationalen Recht. Sie wird nämlich auf einer linguistischen, das heißt semantischen und syntaktischen (Hart 2011), ebenso wie auf einer „strukturellen" – gemeint ist: normrelationalen – Ebene geführt. In den vergangenen Jahren sind die letzteren, nicht-linguistischen Aspekte im Gefolge des notorischen Werks von Martti Koskenniemi (1989, 2007) und insbesondere Koskenniemi und Päiwi Leino (2002) sogar deutlich in den Vordergrund gerückt. Über Koskenniemis durchaus angreifbaren Grundbefund hinaus, dass die Unbestimmtheit mit Status quo-Bias auf der Ebene des rechtlichen Arguments beziehungsweise der Rechtfertigung politischen Handelns anzusiedeln sei, hat sich die weniger bestreitbare Fragmentierung des Rechtskorpus in den Vordergrund gedrängt. Immer öfter stellt sich vor allem die Frage der (vorrangig) anwendbaren Norm. Das liegt an zwei gegenläufigen Entwicklungen, die sich gegenseitig verstärken. Erstens hat sich die Normdichte – und das heißt auch: die innere Bestimmtheit der Normen – in weiten Teilen des internationalen Rechts verstärkt. Zu denken wäre hier an die Definitionen der Aggression oder an die Rechtsprechung des Internationaler Strafgerichtshof (IStGH) einerseits, andererseits an Präzisierungen von Umweltvölkerrecht insbesondere im Klimaschutz.

Zweitens hat sich aber gleichzeitig die Widersprüchlichkeit von Rechtssätzen weiter ausgeprägt, die in verschiedenen „Regimen" des Völkerrechts nebeneinander existieren. So ist es zum Teil schwer nachvollziehbar, wie sich (sozial-)menschenrechtliche Standardsetzung mit wirtschaftsrechtlichen Vorgaben zur Liberalisierung in Einklang bringen lassen soll. Außerdem können regionale mit globalen und nationalen Regimen in Spannung geraten. Ein für uns besonders relevantes Beispiel bietet dabei die Konkretisierung verfassungsrechtlicher Vorgaben in der Bundesrepublik, die deren friedensrechtliche Positionierung in der Arena des internationalen Rechts steuern, etwa Parlamentsvorbehalte oder Vorbehalte für Systeme kollektiver Sicherheit. Damit zusammen hängt auch die jüngere Herausbildung von gemeinsamer EU-Außen- und Sicherheitspolitik.

Doch inwieweit wird rechtliche Unbestimmtheit hier für den Frieden problematisch? Zuerst sind ein paar Worte zu dem hier zugrunde gelegten Friedensbegriff zu verlieren.

3 Frieden als Fernziel

Frieden kann man als rechtliches Nah- oder Fernziel fassen (vgl. vor allem die Unterscheidung zwischen Widerstandskampf, Krieg, Frieden als Fernziel und Ruhe als Inhalt des Friedens im Vortrag: Bloch 1968, die letztlich auf die Theologie Münzers zurückführt: Bloch 1989, S. 106ff.[3]). Theoretisch ist die Garantie des negativen, des Kirchhoffriedens der Abwesenheit physischer Gewalt, ein möglicher Schritt auf dem Weg zum positiven, gerechten Frieden, der nicht mehr künstlich zwischen Innen- und Außenpolitik trennt, sondern auf „Weltinnenpolitik" – möglichst konsequent unter Berücksichtigung des biologisch validierten Gaia-Gedankens (Gesamterde als intradependentes Lebewesen) – angewiesen wäre. Allerdings muss der *Vorschein des Fernziels* im jeweiligen Nahziel negativen Friedens dann auch vorhanden sein. Das ist tatsächlich regelmäßig nicht der Fall, weil es den Akteurinnen und Akteuren

---

3 Danke an meinen Studenten Yannik Achternbosch für den wertvollen Hinweis auf Blochs politischen Vortrag.

ohne Fernziel um den Erhalt eines politökonomischen Status quo geht. Ein positiver Frieden ist daher sowohl *politisch* bestimmter und konkreter, insofern er auf ein konkretes Fernziel orientiert bleibt und normativ *Unabgegoltenes* einholen kann, als auch *juristisch* in Gestalt der Idee legitimen Widerstands noch weitgehend abstrakt. Denn er läuft auf nichts weniger als eine Umkehrung der geltenden Weltwirtschafts- und -handelsregeln mit der Absicht einer Ermächtigung der schwächeren Süd- oder Oststaaten der Erde hinaus. Zudem fordert er, auch diese Perspektive noch zugunsten einer „Provinzialisierung Europas" (Dipesh Chakrabarty) aufzugeben, als deren Ergebnis eine Art von „affirmative action" zugunsten des Südens/Ostens (zum Beispiel „Permanent Sovereignty over Natural Resources") als ein notwendiges Übel des Übergangs zu einer fairen Wirtschaftsordnung ohne Extraktivismus, Monopolismus, Rentenökonomie und Lohnarbeitsausbeutung/Sklaverei erkennbar würde. Anne Peters (2019) hat gerade darauf hingewiesen, dass Perry Andersons Urteil über das geltende Völkerrecht, ein reines Machtmittel des Nordens zu sein, einen Funken Wahrheit enthalte.

Umso mehr muss das Recht in seiner Konzeption und Anwendung dieser Wirkung aktiv entgegenarbeiten (vgl. zuvörderst die Kritik bei Pahuja 2011). Wachstum und Entwicklung gelten als der Politik und dem Völkerrecht äußerlich „universal" (insbesondere Kapitel 4 zur Permanent Sovereignty over Natural Resources und New International Economic Order, Pahuja 2011). Sundhya Pahuja zeigt, wie politische Fragen in ökonomische Institutionen/Rechtsmaterien verschoben werden. Dabei stellt sich nicht zuletzt die institutionelle Frage der Letztentscheidung: NATO oder UNO? Organization of American States (OAS) oder UNO?

Erscheint diese neue Weltwirtschaftsordnung zunächst als abstrakt, weil die positive Rechtsordnung seit dem kurzen Aufbruch Anfang der 1970er-Jahre nicht mehr mit solchen Ideen schwanger geht, so ist eine rechtliche Konkretion doch gegen die mächtigen Staaten theoretisch denkbar. Es fehlt aber am Willen, vielleicht auch am Bewusstsein, dass hier die entscheidenden politisch-rechtlichen Stellschrauben für positiven Frieden liegen. Soweit die friedenstheoretischen Vorannahmen.

4 Unbestimmtheit des Rechts

Die erste *rechts*theoretische Prämisse muss demgegenüber lauten, dass Recht per se einen gewissen Grad an Unbestimmtheit (Unterbestimmtheit) aufweist. Diese Unbestimmtheit erfasst bei näherem Hinsehen mehrere ganz verschiedene logische Ebenen, die sich dennoch eher analytisch als empirisch trennen lassen.

Eine *konstitutive* Unbestimmtheit des Rechts erwächst aus seinem normativen Charakter. Indem es nicht einen gegebenen Weltzustand beschreibend festhalten will, sondern auf Verwirklichung in der *Zukunft* angewiesen ist, wird es in seiner *Substanz* zukünftig. Die Zukunft kennen wir aber nicht. Will das Recht wirksam sein, muss es daher im analytisch-konstitutiven Sinne unbestimmt sein; denn nur zukünftig hat es überhaupt eine Chance auf Verwirklichung. Es internalisiert die *Kontingenz des Noch-nicht* von menschlicher Handlung und Weltverhältnis in seiner Substanz. Oft liegt darin gerade ein besonderer Vorzug des Rechts, dass es Zukunft als bestimmte und konkrete überhaupt erst thematisch und somit diskutierbar werden lässt. Im Gegensatz zu abstrakten Utopien geht es um das Fortdenken *vergleichsweise konkreter* rechtlicher Vorgaben in die Zukunft hinein. Die Konkretion des Utopischen hängt hier an der regulativen Ideenhaftigkeit des im Recht Ausgedrückten. Es ist dann nachgerade notwendig, dass das Recht einen Unbestimmtheitsrest enthält, weil es sonst nicht steuern, sondern nur beschreiben könnte.

Das Recht ist darüber hinaus *graduell* unbestimmt, *kategorisch* hingegen nur im oben beschriebenen Ausmaß seiner (apriorischen) Zukünftigkeit. Seine graduelle Unbestimmtheit hängt mit seiner sprachlich-begrifflichen *Form* zusammen. Die Sprache ist ein *epistemisch* fehlsamer Zugang zur Realität, weil sie diese stets nur perspektiviert und daher nicht insgesamt erfasst. Hinzu kommt, dass nach dem *Willen* der Rechtssetzerin der Rechtssatz keineswegs jede (epistemisch unvorhersehbare) „Situation", nicht jeden „Fall" erfassen soll. Graduelle Unbestimmtheit ist daher teils unvermeidbar, teils beabsichtigt.

Das Recht *soll* überdies als modernes aus Gründen der Verfassung unbestimmt sein, namentlich unter zwei Gesichtspunkten: erstens ist das Recht nach 1789 (Déclaration des droits de l´homme et du citoyen) nurmehr Recht, wenn es in einer *gewaltengeteilten* Regierungsart gesetzt wird – es kann daher der Rechtssatz nicht nur eine Wissensordnung, sondern er muss auch eine Herrschaftsordnung im Sinne einer Herrschaftsverteilung und -minderung begründen. In der Arena des internationalen Rechts geht es hier wesentlich auch und gerade um Fragen horizontaler Herrschaftsminderung, also Verteilungs- und Ausgleichsmechanismen, um nördliche Dominanz zu brechen. Zweitens ist Recht post 1789 demokratisches Recht aus *Streit*. Dieser Streit soll aber mit einer ersten Entscheidung niemals abgeschlossen sein, sondern muss immer weitergehen, weil die Opposition nicht nur als Institution, sondern als ständig vorhandene Gegenmacht *demokratische* Verfassungsverhältnisse erst konstituiert. Über Recht *muss* also immer weiter gestritten werden können. Unter republikanisch-universalistischen Prämissen ist es sogar notwendig, mindestens auf der Ebene des Verfassungsrechts einen hohen Grad an Unbestimmtheit aufrechtzuerhalten. Denn gesellschaftliche Konflikte integrieren auch durch das Medium eines deutungsoffenen Verfassungstextes. Soziale Streitthemen können im Lichte der universalistischen

Prinzipien der Verfassung produktiv bearbeitet werden. Auch ermöglichen und strukturieren demokratisch iterierbare Prinzipien die demokratische Debatte. Es existieren weder ein vorgegebenes rechtsförmiges Wertesystem noch eine autoritäre Judikatur, die Gerechtes stets vom Ungerechten scheidet. Vielmehr sind wir Bürgerinnen und Bürger in Beziehungsweisen verstrickt, die mehr oder weniger solidarisch sein können, deren unbestimmten Grund aber je das Verfassungsrecht bildet. Die Zivilgesellschaft zehrt von der Unbestimmtheit des Rechts, um ein politisches Koordinatensystem zwischen rechts und links aufzuspannen – immer wieder neu, aber in funktionierenden Demokratien stets orientiert an den konkreten Verfassungspositionen des Eigenen (konservativ), des Kommunikativen (liberal) und des Gleichen (progressiv). Darum wird alltäglich gerungen, und so wird das Schiff der Demokratie beim Fahren erneuert. Daraus folgt für das internationale Recht eine Aufwertung aller stärker egalitär strukturierten Gremien (UN-GA etc.) und eine demokratisch begründete Abwertung wesentlich hegemonial strukturierter Institutionen (IWF etc.).

Demokratisches Recht hat folglich eine innere Tendenz zum produktiv-gerechten, positiven Unfrieden, wenn Unfrieden rein negativ als Anwesenheit von Streit verstanden wird. Rechtssicherheit erwächst hingegen einzig aus der Gewohnheits-Gewissheit, dass ein irgendwie bestimmtes Recht vorläufig gilt – bis demokratische Gewalt, oft Gerichtsgewalt, begründet anders urteilt. Mehr Rechtssicherheit gibt es in der Demokratie aus epistemischen sowie normativen Gründen nicht. Sicher ist hier nur die Kontingenz und das soll auch so sein.

Zum oben angedeuteten Friedenskonzept wäre daher von den Auspizien des Rechts zu ergänzen: Ein Friedensbegriff auf der Höhe der Zeit muss schon deshalb ins Positive vorstoßen, weil Frieden als *bloß* negativer gerade noch kein demokratisches Ideal ist. Der positive Frieden ist zunächst eine große Unbekannte, die aus demokratischem Streit zu entwickeln ist, an diesem jedenfalls prozedural nicht vorbeikommt. Das Recht selbst gibt auf die Frage nach dem positiven Frieden keine Antwort. Ein Vertrauen auf die Rechtsform kann nur ein Vertrauen auf eine Bürgerinnenschaft im Konflikt sein, die ihr vorgegebenes Recht zu ihrem eigenen macht, indem sie es nicht stumm hinnimmt, sondern widerspricht und es so weiterentwickelt: als Partei vor Gericht, bei der Wahl, auf der Straße. Rechtsgehorsam muss immer unter dem Vorbehalt stehen, dass das Recht anders sein könnte und sollte, mehr noch: potentiell immer schon anders (da es unbestimmt) ist.

Da wir noch nicht im Reich Gottes leben (oder unter Engeln), sondern dieses auf Erden nur anstreben können, müssen wir allerdings mit beträchtlichen Herrschaftsresten leben. Zwar reduzieren demokratischer Streit wie auch Gewaltengliederung Herrschaft, indem sie diese in die Zeit stellen, vorläufig machen. Selbst Rechtfertigungszwänge, etwa vor Gericht, schaffen Herrschaft aber nicht ab. Des Widerspruchs zum eigenen Ideal eingedenk, wird eine Demokratin bleibender Herrschaft mit *Widerstand* begegnen – innerem oder äußerem. Herrschaft als gewaltsamer, auf Zwang gründender Unfreiheit wird sie den Willen zum Recht auf und aus Freiheit entgegensetzen. Diesen Willen kann sie verfassungsgemäß gewaltlos durchzusetzen suchen, wird aber als Einzelne unter der Herrschaft der Zahl keinen Erfolg haben – „zu Recht".

So legitim und sogar verfassungsrechtlich legal *Widerstand* gegen ordnendes, beherrschendes Recht sein kann, so illegitim und illegal wird der Einsatz von *Kriegs*-Gewalt in Abwesenheit beherrschender Gegengewalt.

5 Unbestimmtes internationales Recht

Für Staaten, recht verstanden als (republikanische) Kollektive von Bürgern und Bürgerinnen, kann nichts anderes gelten: Widerstand gegen Herrschaftsmomente in den internationalen und transnationalen Beziehungen muss gewaltfrei sein, sofern Gewaltherrschaft nicht taub für zivile Ansprache ist. Letzteres war etwa in den Dekolonialisierungskämpfen und im Krieg gegen Hitlers Deutschland wegen unmittelbarer Aggressionen flagrant der Fall. Heute wäre eine postkoloniale Wirtschaftsordnung hingegen durch Widerstandsstrategien des zivilen Ungehorsams gegen internationales Wirtschaftsrecht – in erster Linie in Form von *Boykotten* südlicher Staaten, zum Beispiel in Schuldner-Gläubiger-Konflikten – infrage zu stellen. Struktureller Gewalt ist mit Mitteln des kollektiven Widerstands, nicht des nationalen Kriegs, legitim zu begegnen. Ein Vorbild dafür könnte die Erklärung des Staatsnotstands in der argentinischen Finanzkrise sein, die sogar einer allgemeinen Regel des Völkerrechts folgte, wie die Verfassungsrichterin Gertrude Lübbe-Wolff in ihrem hoch bedeutsamen Sondervotum 2007 festgestellt hat (abweichend zum Beschluss des BVerfG vom 8. Mai 2007, Az. 2 BvM 1/03). Zu denken wäre auch an das letztlich aufgrund der Euro-Drohkulisse erfolglose Referendum Griechenlands gegen das Gläubigerdiktat 2015, sofern man mit einigem Recht „quasikoloniale" Strukturen auch innerhalb der EU annimmt.

In den *völkerrechtlichen* Beziehungen der Staaten ist Unbestimmtheit wie auch im staatlichen oder gesellschaftlichen Recht der Regelfall. Da die Menschen aufgrund einer defizitären Institutionenbildung nur höchst eingeschränkt demokratische Weltbürger sind, ist das internationale Recht des äußeren Friedens eines des negativen Friedens. Denn über positiven Frieden müsste man gemeinsam streiten. In Ansätzen geschah und geschieht das im Rahmen der UN-Vollversammlung oder anderer UN-Organisationen, etwa bei Auseinandersetzungen in der UNCTAD um eine gerechte Wirtschaftsordnung als Voraussetzung eines positiven Friedens oder auch um eine internationale *Rule of Law*. Das Verhalten der „Nordstaaten" in den entsprechenden Konflikten lässt darauf schließen, dass diese an einer Demokratisierung der internationalen Beziehungen, die eine innere Demokratisierung der Staaten nicht zur logischen Voraussetzung hat, wenig Interesse haben. Unbestimmtheit ist hier – jenseits der allfälligen unvollständigen Erkenntnis – gerade kein Ausdruck von demokratischer Normativität, sondern von mangelndem Willen zum Recht als Herrschaftsminderung, Unbestimmtheit steht hier für *Unverbindlichkeit*. Unverbindlichkeit und Unbestimmtheit dürfen keinesfalls a priori in eins gesetzt werden. *Unverbindlichkeit geht auf den Unwillen, Unbestimmtheit dagegen auf den Willen zum Recht zurück.*

Heftige akademische Diskussionen werden von diesem ernüchternden Ausgangspunkt um die Frage geführt, ob das internationale Recht eine differentia specifica aufweise, die es *in höherem Maße unbestimmt* mache als das staatliche oder gesellschaftliche Recht. Diese Frage ist zu *verneinen*. Teils wird behauptet, internationales Recht sei stärker „politisches" Recht. Damit wird seine angeblich ausgeprägtere Kompromiss- oder aber Machtbindung bezeichnet. Gesellschaftliche „Mächte" sind in der Auseinandersetzung mit Staatenrecht indes nicht weniger mächtig als Staaten untereinander – ein augenfälliges Beispiel sind die Konflikte mit den GAFA-Silicon-Valley-Konzernen (Google, Amazon, Facebook, Apple). Und auch der stets vorläufige Kompromiss gilt für beide Ebenen rechtlicher Entscheidung.

Teils heißt es auch, das Völkerrecht schwanke konstitutiv zwischen der „Apologie" der Machtprojektion und der „Utopie" der ewigen Friedensordnung (Koskenniemi 1989). Doch gilt das analog auch für staatliches Recht in seiner Doppelsinnigkeit von ordnender

Beherrschung und individueller Befreiung – ein nicht vollständig zu tilgender, struktureller Zielkonflikt demokratischen Rechts (Recht des Rechts gegen Recht der Rechte). Schließlich bezieht man sich auf die Fragmentierung des Völkerrechts, sein Auseinanderfallen in verschiedene Themengebiete und entsprechende Institutionen, das eine „äußere" Unbestimmtheit der Auswahl oder des Vorrangs des anzuwendenden Rechts hervorrufe – oben „strukturell" genannt. Doch auch das ist kein Alleinstellungsmerkmal des Völkerrechts, weil staatliches Recht längst nicht mehr normenhierarchisch und auf der Grundlage eines staatlichen Rechtssetzungsmonopols funktioniert.

Eine *wesentliche Differenz* aber bleibt: Das Völkerrecht ist unzureichend als Streitraum und als Gewaltenpluralität organisiert. Es ist in weiten Teilen noch ein Recht „vor 1789". Daher ist es in seiner Form graduell unterschiedlich unbestimmt, in seiner Verfassungssubstanz aber deutlich *weniger* unbestimmt als staatlich-gesellschaftliches Recht. Das Völkerrecht muss insofern zum Schutz vor der Macht erst einmal bestimmter werden, nicht nur in dem Sinne, dass es Soft-law-Konkretisierungen von relativ unbestimmtem „Recht" zulässt, wie das teils schon im Gange ist – man denke an das so überaus friedensrelevante „precautionary principle" im Umweltvölkerrecht und an diverse „milestones", etwa Sustainable Development Goals der UN. Überhaupt wirkt das Wiener Übereinkommen über das Recht der Verträge (WVRK) ja durchaus in Richtung einer sukzessiven Konkretisierung; beispielhaft könnten hier Menschenrechtsverträge wie die Frauenrechtskonvention (CEDAW) stehen. Die Gewaltenteilung und die Menschenrechte als Direktiven müssen diese *Konkretisierung*, aber auch *Kontestation* organisieren, zuvörderst in der UN-Generalversammlung oder in Regionalparlamenten. Staatenzentrierung *allein* ist dabei zwar kontrafaktisch, kann aber nicht durch Expertinnenfokus (in kooperativen Gremien) ersetzt werden. Beteiligung auch „von unten" und von Repräsentanten und Repräsentantinnen, ferner radikaleren, nicht bloß kooptierten NGOs muss möglich sein.

Ist Unbestimmtheit aber auch eine Gefahr für das Völkerrecht? Beeinträchtigt sie womöglich sogar den Frieden? In der Tat kann sprachlich-begriffliche Unbestimmtheit im *Kriegsrecht* als schlechthinnigem *Schutzrecht der Schwächeren* einen ernsthaften Defekt der Rechtsnormativität nach sich ziehen. Dehnbare Grundsätze wie die Schwelle des „bewaffneten Angriffs" im Selbstverteidigungsrecht des *ius ad bellum* sollten und können rechtspolitisch geklärt werden, da es um Integritätsschutz geht. In eine ähnliche Richtung geht auch Anne Peters (2019) im zitierten Interview bezogen auf die „Terrorismusabwehr" zwischen begrenzter Polizeiaktion und entgrenzter Kriegsmaßnahme. Vergeltung wäre bloß gewaltfrei zulässig. Das Recht des negativen Friedens braucht größtmögliche Klarheit. Denn es ist das Recht der physischen Gewalt und ihrer Begrenzung: das konstitutive, jedoch territorial äußere und innere begriffliche Außen des demokratischen Rechts, gegen Außenmacht gerichtet. Zum Recht auf negativen Frieden zählt auch die *Rüstungskontrolle*; sie wird gerade angesichts der höchst zwiespältigen Bemühungen um eine gemeinsame EU-Verteidigungspolitik (PESCO etc.) einer der größten Streitpunkte der nächsten Jahre und Jahrzehnte nicht zuletzt mit Frankreich sein (müssen). Absehbar gilt das auch für die großen neuen Regelungsgegenstände des „Cyberwar" und der KI-Waffen. Im Recht des zwischenstaatlichen negativen Friedens ist Unbestimmtheit Ausdruck von Unverbindlichkeit. Denn mächtige, in der Rüstung überlegene Staaten bedürfen starrer, harter, bestimmter Regeln, so dass der negative Frieden sich konkretisieren kann.

Positiver zwischenstaatlicher Frieden hingegen muss durch mehr demokratischen Streit und im Rahmen verfassungssubstantieller Unbestimmtheit erst definiert werden. Rechtliche Grenzziehung bedeutet nicht Beschränkung des Streits, sondern entschränkt erst die Auseinandersetzung durch erregten Widerspruch. Begriffliche Bestimmung bleibt hier notwendig und normativ vorläufig. Unbestimmtheit muss zumindest helfen, Kontroversen hervorzubringen, die Klärungen mit dem Ziel der zivilen Ermächtigung der Minderbewaffneten im Sinne des strukturellen Gewaltausgleichs herbeiführen. Das gilt in Sonderheit für den Begriff des „bewaffneten Konflikts" des Common Article III der Genfer Konventionen, die Anwendungsbedingung für das an sich gut ausgebaute (humanitäre) Völkerrecht *in bello* (vor allem vermeintliche „enemy combatants"). Außerdem gilt es für die Definition des bewaffneten Angriffs als Voraussetzung des Selbstverteidigungsrechts des Art. 51 UN-Charta und die in der Anwendung hoch ambivalente Responsibility to Protect. Alle benötigen dringend mehr rechtsverbindliche *Konkretion*, um Recht gegen Macht in Stellung bringen zu können.

6 Ein bestimmtes Recht des Pazifismus

Bestehende Unbestimmtheit im Kriegsrecht gefährdet den negativen und somit erst recht den positiven Frieden, insoweit sie *Ermächtigungsnormen* für die Gewalt der Überlegenen bereithält. Ein Recht des Pazifismus muss so strikt sein, dass es keinerlei Legitimation für Aggression oder aber vermeintliche Selbstverteidigung mit Nebengedanken bereithält.

Man kann diesen Gedanken einer *konkreten* Bestimmung insbesondere des *ius ad bellum* am Beispiel des völkerrechtswidrigen Kosovo-Kriegs, des Sündenfalls der deutschen Verteidigungspolitik, vor 20 Jahren ausbuchstabieren. Seinerzeit wurde das ohnehin fragile, krisenanfällige UN-System durch die NATO-Staaten im Kern erschüttert. Dabei helfen die Überlegungen, die Harald Wohlrapp seinerzeit in der DZPhil angestellt hat (Wohlrapp 2000). Ein Recht des Pazifismus müsste nach den rechtlichen Formen fragen, die es

Rechtliche Unbestimmtheit und positiver Frieden

ermöglichen, „in materialen Problemlagen nach Argumenten für friedliche Lösungen" (Wohlrapp 2000, S. 109) zu suchen. Allerdings dürfte ein solches Recht auch nicht zum „Dogma" verkommen – es darf also mit Wohlrapp das Ergebnis nicht von vornherein feststehen. Es muss jedoch eine Heuristik und eine Beweislastverteilung zugunsten des Friedens geben.

Im Fall des Kosovo-Krieges war – was die Bundesrepublik bis heute nicht hinreichend aufgearbeitet hat – ein Recht zur Kriegführung mit Gewissheit mangels Selbstverteidigung oder UN-Mandat nicht gegeben. Wie müsste aber ein Recht aussehen, das dem „moralischen" Anspruch einer Schutzverantwortung im Rahmen eines immer noch pazifistischen Rechts gerecht würde?

Es müsste, konform mit Wohlrapps Kriterien, mehreren Anforderungen genügen:

1. Menschenrechte müssen als qualitative Ganzheit aufgefasst werden. Verletzungen können nicht gegeneinander aufgerechnet werden.
2. Menschenrechte gelten als universale für alle Erdenbürgerinnen und Erdenbürger. Wenn sie zugunsten mancher per Krieg verteidigt werden sollen, zugunsten anderer nicht, für die das ebenso „einfach" möglich wäre, liegt nicht mehr als eine schlechte „Rationalisierung" der Gewalt vor, eine willkürliche Auswahl.
3. Die Kriegführung muss *als konkrete Gewalthandlung* geeignet sein, Gewalt zu stoppen; sie darf nicht mit einer gewissen Wahrscheinlichkeit zu einer Befeuerung der *Gewaltspirale* beitragen. Diese Mindestbedingung der Tauglichkeit ist de facto so gut wie nie erfüllt.
4. Die Gewalt darf nicht zu gewichtigen unbeabsichtigten Nebenfolgen führen, zum Beispiel Flüchtlingselend, Traumatisierung der Zivilbevölkerung, Zerstörung der infrastrukturellen Grundlagen

der Nachkriegsordnung, ökologische Zerstörungen, kulturelle Auslöschung der Opposition und Zivilgesellschaft, Hass, Destabilisierung, exorbitante Kriegskosten, Beschädigung der UNO und des Grundgesetzes. Die so ermittelte Unverhältnismäßigkeit des Krieges ist in nahezu allen Fällen gegeben.
5. Die Faktenbasis für die Entscheidung zum Krieg muss so solide sein, dass sie die obigen Einschätzungen mit hoher Wahrscheinlichkeit zulässt. Auch an dieser Voraussetzung gebricht es fast jeder solchen Entscheidung.

Das Grundgesetz hat aus der Einsicht in die Grundverworfenheit des kriegführenden und das Schicksal des unter dem Krieg leidenden Menschen ein aus mehreren bestimmten Rechtssätzen direkt ableitbares *Friedlichkeitsgebot* formuliert, das wieder gestärkt gehört. Es ist nicht überholt, sondern im Gegenteil von vielen Seiten, etwa einer womöglich falsch angelegten EU-Verteidigungspolitik, in seiner Normierungskraft akut bedroht, obgleich nahezu sämtliche Erfahrungen der letzten Jahre nicht für einen Ausbau der weitgehend erfolglosen „out of area"-Einsätze streiten, sondern für eine neuerliche Verteidigung gegen den militärisch-industriellen Komplex.

Das Friedlichkeitsgebot des Grundgesetzes unterstützt den heuristischen und Beweislastansatz, dass jenseits der Selbstverteidigung an der Landesgrenze ein Ultima-ratio-Grundsatz der oben ausgeführten *konkreten* Art – und nicht abstrakt auf allzeit geduldigem Papier – gelten muss und eine ausufernde Bündnislogik dieses Prinzip nicht infrage stellen darf. Das bleibt trotz einer bedenklichen Rechtsprechung des Bundesverfassungsgerichts richtig, welche das Friedlichkeitsgebot zugunsten der „race to the bottom"-Logik des Militärbündnisses stark ausgehöhlt hat – und das sogar im Angesicht des Gebots der strengen Konkretion durch den Verfassungstext im Bereich der Militärkompetenzen –, ganz im Einklang mit der oben entfalteten Logik der Machtbegrenzung durch bestimmtes Recht (zum Folgenden vgl. Deiseroth 2010, insbesondere S. 230). Dieter Deiseroth führt zu Recht aus, dass die Verteidigung im Sinne des GG die Landes- sowie Bündnisverteidigung im Rahmen des von der UNO Erlaubten (zurechenbarer bewaffneter Angriff) bezeichnet – also die Selbstverteidigung inklusive Bündnisfall (Nothilfe), solange der UN-Sicherheitsrat nichts Anderes beschlossen hat. Eine Terrorismusabwehr mit *militärischen* Mitteln oder gar eine geopolitische Machtprojektion sind ausgeschlossen. Die *Dehumanisierung* der Täterinnen und Täter im „War on terror" und eine indirekte oder direkte deutsche Beteiligung daran (targeted killings, Drohnenkrieg, „Ramstein") muss weiter als verfassungswidrig gebrandmarkt, durch die Bundesrepublik als historisches Unrecht heilend aufgearbeitet und durch ein rechtewahrendes polizeilich-justizielles Vorgehen ersetzt werden. Hier ist wie auch im Polizeirecht der Todesschüsse oder in der Luftsicherheit ein abschüssiger Pfad der *Logik der Ausnahme vom Recht* betreten worden (nur hier – aber eben immerhin hier – passt der grundlegende Befund Giorgio Agambens, dass dem Recht per se ein radikales Ausschlussmoment innewohne, in: Agamben 2002); zu spät zur Umkehr ist es noch nicht.

Bezüglich des Begriffs der Selbstverteidigung wäre stattdessen gegen alle post 2001/2003 generalisierten Präemptivdoktrinen *mindestens* die Webster-Formel aus dem Caroline-Fall festzuhalten und deutlich weiter zu konkretisieren: „instant, overwhelming, leaving no choice of means, and no moment for deliberation" (noch skeptischer zur Prävention mit guten Gründen Verdross und Simma 1984, S. 287ff.) – ohne sie wie seinerzeit George W. Bush gezielt umzudeuten.

Was darüber hinaus das System gegenseitiger kollektiver Sicherheit (Art. 24 II GG) anbelangt, ist dieses entgegen dem Bundesverfassungsgericht nicht auf die real existierende NATO und damit auf ein Bündnis zur Außenverteidigung gemünzt, sondern auf ein Staatensystem, welches Gewalt *untereinander* als Mittel der Politik abschaffen will – ganz im Sinne des Gewaltverbots der UNO (ebenso Deiseroth 2010, S. 244ff.). Die dahinter stehende Auffassung zielt auf nicht weniger als die *Abschaffung der Staatenkonkurrenz*. Kollektive Sicherheit beruht daher seit Woodrow Wilson, Aristide Briand und Frank B. Kellogg über Alfred Verdross und Carlo Schmid bis heute auf dem normativen Primat der Kooperation statt Konkurrenz. Es leuchtet ein, dass ein solches liberales Programm nur realistisch wird, wenn auch politökonomische Konkurrenzstrukturen infrage stehen – in Gestalt der nur durch Widerstand erstreitbaren neuen Weltwirtschaftsordnung mit einer Präferenz für den globalen Süden. Allerdings ging die Entwicklung seit 1990 fast durchgehend – und oft gegen den Willen der gesellschaftlichen Mehrheit – in die Gegenrichtung, mit einer kurzen Ausnahme vielleicht im Zuge der Besinnung der Finanzkrisenjahre. Derzeit erscheint ein solches Kooperationsregime aufgrund der global notwendigen sozial-ökologischen Transformation des Wirtschaftens erstmals nicht mehr völlig ausgeschlossen, wird aber durch ein letztes Aufbäumen der greisenhaften „Logik" ungezügelter, regelverachtender, wissenschaftsfeindlicher Konkurrenz (Donald Trump) fast völlig überlagert. Es ist tragisch, dass deswegen die unverkennbaren Latenzen-Tendenzen zu neuen vernünftigen Regeln, zuerst im Klimaschutzrecht, fast unbemerkt bleiben.

Als Reaktion auf das zunehmende Bewusstsein globaler, kollektiver Bedrohungen muss es auch zu einer Renaissance eines umfassend verstandenen Konzepts kollektiver, *nicht* gegeneinander abschreckender Sicherheit kommen; die durch Konkurrenz bedingte Ressourcenverschwendung in diesem Sektor ist mit dem erforderlichen, sehr kostspieligen Umbau der Ökonomien („Green New Deal") nicht vereinbar. Ins Zentrum der Sicherheitspolitik müssen gemeinsame oder einseitige Abrüstungsbemühungen (etwa Anti-Atomwaffen-Vertrag) sowie die Rüstungsexportkontrolle treten – der verfassungswidrige Bundessicherheitsrat (vgl. Meinel 2015) sollte etwa unbedingt durch transparente Kabinettsentscheidungen ersetzt werden. Die menschenrechtsorientierten Rüstungsexport-Richtlinien – eine Errungenschaft der rot-grünen Bundesregierung – verdienen, konkretisierend nachgeschärft zu werden. Zudem müsste sich die Bundesregierung für das Atomwaffenverbotsabkommen einsetzen. Sicherheit kann nur als offene, Grenzen transzendierende Einbeziehung, als *Wagnis*, im Sinne einer Solidarität mit Fremden gelingen; Abschottung und Abschreckung funktionieren nicht.

7 Das Unrecht des falschen Friedens

Rechtliche Unbestimmtheit ist bezogen auf negativen Frieden unfriedlich, weil sie die schwächere Partei der Willkür von Ad hoc-Rechtsauslegung und -fortbildung durch Stärkere aussetzt; gemessen am positiven Friedensbegriff ist sie aber solange förderlich, wie der negative Friede gesichert ist. Sie wird zur Gefahr, wenn sie Herrschaft (auch durch „politische Justiz") entfesselt und ist Chance, wenn sie demokratischen Streit ermöglicht. Beides gilt in gesteigertem Maße für die drückenden Herrschaftsverhältnisse der internationalen Beziehungen. „Nordstaaten" sind hier regelmäßig an befreiender, positiv befriedender Verrechtlichung uninteressiert. Stattdessen greifen sie punktuell sogar auf befreiend angelegtes Recht, zuvörderst die Menschenrechte, als „Ermächtigungsnormen" zu physischer Gewalt zurück (Maus 1999). Das Völkerrecht braucht zugleich mehr Bestimmtheit im Kriegsrecht und mehr Unbestimmtheit im Weltverfassungsrecht des positiven Friedens, der notwendigen „Leere" des Ortes der Macht in der Demokratie, die die schlechte „gute Ordnung" der real existierenden vermachteten kapitalistischen „Governance" verdrängt.

Die Kirchen des Evangeliums müssen folglich die *Politisierung* des internationalen Rechts fördern – also die ständige *Unterscheidung* zwischen bewahrenswertem Schwächerenschutz und Widerstand gebietender Ermächtigung des Stärkeren – und dabei in Erwartung des kommenden Reichs Gottes schon auf Erden „unrealistisch" fest am (positiven) Friedensziel festhalten. Eine Verteidigung des Völkerrechts en bloc wäre völlig verfehlt, weil dieses immer partiell infrage steht und auch stehen sollte. Die Rolle der Kirchen ist die der Herrschaftskritikerinnen, die *das repressive Schweigen brechen* müssen. Die Kirchen haben stets den Streit zu suchen. In Gehorsam zum biblischen Jesus (Kol. 3,17) müssen sie Aufrüstung kompromisslos verurteilen und Widerstand gegen (gerade ökologisch-sozioökonomische!) globale Unfreiheit leisten, wo und wie sie können. Abrüstung muss auch einseitig erfolgen. Erst so wird sie beispielgebendes Wagnis, und der Mensch bekommt das *Recht, ein anderer zu werden* (näher: Sölle 1991, 2006, 2007). Das ist sein *biblisches* Recht: mehr konkret-bestimmter Schutz vor physischer Gewalt durch ein anspruchsvolles Kriegs- und Abrüstungsrecht, mehr unbestimmte Auseinandersetzung um die Verringerung struktureller Gewalt durch eine demokratische Politisierung (inklusive Widerstandsentbindung) der internationalen Beziehungen. Das ist nicht gleichbedeutend mit einer Dezentralisierung oder Multiplikation der „legal officials" in zahllosen expertokratischen Gremien. Auf der anderen Seite kann man auch nicht dahinter zurück, dass Einheit als Leitidee im Völkerrecht unbrauchbar ist; denn es gibt weder eine staatsanaloge Weltjustiz noch Weltlegislative. Freilich gälte es, die bestehende UN-Generalversammlung aufzuwerten – etwa indem man als reiches Land den Südstaaten beide Hände entgegen streckt, statt die Fehler der 1970er-Jahre im Konflikt um die NIEO zu wiederholen. Mit

Fragmentierung muss man im Übrigen leben und sie im Sinne der möglichst demokratisch *rückgebundenen Kontestation* organisieren.

Die Kirchen sollten im Vertrauen auf Jesus den Einsatz auch für zeitweilig unrealistisch erscheinende radikal-vernünftige Ziele suchen, derzeit etwa eine atomwaffenfreie Welt, Abrüstung als Ziel der EU-Politik und eine Suche nach diplomatischer Kooperation mit den gerade angesagten „Schurkenstaaten". Zudem bedürfte es einer neuen Lobby für die UNO und EU als Ersatz für die NATO, um eine wahrhaft kollektive, offene Sicherheitsarchitektur zu errichten. Vor allem Erkenntnisse der *Third World Approaches to International Law* müssten von den Kirchen aufgenommen werden und in politischen Druck für eine neue Weltwirtschaftsordnung übersetzt werden.

Wenn die Lage dunkel und ausweglos erscheint, hilft nur radikale Zuversicht. Es ist nicht einfach, einen solchen Kurs der liebenden Vernunft gegen die Gralshüter der alten Welt zu steuern, aber es würde Respekt vor den Kirchen abnötigen. Pharisäer gibt es schon genug. Wir brauchen starke Kirchen, die sich etwas trauen, ihren gesellschaftlichen Einfluss geltend machen und für ein bestimmteres, machtkritisches Recht des Evangeliums streiten. Ehrfurcht vor der Positivität des geltenden Rechts kann, muss aber nicht dabei hilfreich sein, dem evangelischen Fernziel einer Seelenruhe in positivem Frieden näher zu kommen. Davor steht die gewissenhafte Befragung des bloß Geltenden auf seine Gültigkeit. Die Kirchen als Gegengesellschaft wären natürliche Verbündete des immer öfter gebotenen Widerstands gegen die alltägliche „Finsternis" (Reinhold Niebuhr).

Literatur

Agamben, Giorgio. 2002. *Homo sacer*. Frankfurt a. M.: Suhrkamp.
Bloch, Ernst. 1968. *Widerstand und Friede*. Frankfurt a. M.: Suhrkamp.
Bloch, Ernst. 1989. *Thomas Münzer als Theologe der Revolution*. Leipzig: Reclam.
Deiseroth, Dieter. 2010. Zum Friedensgebot des Grundgesetzes. Die Uminterpretation des Art. 24 Abs. 2 GG durch das Bundesverfassungsgericht. In *Politik ist die Praxis der Wissenschaft vom Notwendigen*, hrsg. von Christoph Koch, 229ff. München: Meidenbauer 2010.
Eichenhofer, Eberhard. 2012. *Soziale Menschenrechte im Völker-, europäischen und deutschen Recht*. Tübingen: Mohr Siebeck.
Fischer-Lescano, Andreas und Kolja Möller. 2012. *Der Kampf um globale soziale Rechte*. Berlin: Wagenbach.
Hart, Herbert L. A. 2011. *Der Begriff des Rechts*. Berlin: Suhrkamp.
Hindrichs, Gunnar. 2017. *Philosophie der Revolution*. Berlin: Suhrkamp.
Koskenniemi, Martti. 1989. *From Apology to Utopia*. Cambridge: University Press.
Koskenniemi, Martti. 2007. Constitutionalism as Mindset. *Theoretical Inquiries in Law* 8: 9–36.
Koskenniemi, Martti und Päivi Leino. 2002. Fragmentation of International law? Postmodern Anxieties. *Leiden Journal of International Law* 15: 553–579.
Maus, Ingeborg. 1999. Menschenrechte als Ermächtigungsnormen internationaler Politik oder: der zerstörte Zusammenhang von Menschenrechten und Demokratie. In *Recht auf Menschenrechte. Menschenrechte, Demokratie und internationale Politik*, hrsg. von Hauke Brunkhorst, Wolfgang R. Köhler und Matthias Lutz-Bachmann, 276–292. Frankfurt a. M.: Suhrkamp.
Meinel, Florian. 2015. Organisation und Kontrolle im Bereich der Regierung. *Die Öffentliche Verwaltung* 68: 717–726.
Miles, Cameron A. 2019. Indeterminacy. In *Concepts for International Law*, hrsg. von Jean d´Aspremont, 447–458. Cheltenham: Elgar.
Pahuja, Sundhya. 2011. *Decolonising International Law*. Cambridge: Cambridge University Press.
Peters, Anne. 2019. Macht und Ohnmacht des Völkerrechts. 2019. Interview mit Anne Peters. *Merkur* 5: 5–16.
Sölle, Dorothee. 1991. *Das Recht, ein anderer zu werden*. Stuttgart: Kreuz.

Sölle, Dorothee. 2006. Sprache der Freiheit. In *Gesammelte Werke Bd. 1*. Stuttgart: Kreuz.
Sölle, Dorothee. 2007. Mystik und Widerstand. In *Du stilles Geschrei, Gesammelte Werke Bd. 6*, 11–380. Stuttgart: Kreuz.
Verdross, Alfred und Bruno Simma. 1984. *Universelles Völkerrecht*. Berlin: Duncker & Humblot.
Walzer, Michael. 1995. Exodus und Revolution. München: Fischer.
Wohlrapp, Harald. 2000. Krieg für Menschenrechte? Deutsche Zeitschrift für Philosophie 48 (1): 107–132.

Aktuelle Herausforderungen für politische Friedensgestaltung auf dem Fundament des Rechts

Thomas Hoppe

1 Einleitung

Bei der Suche nach Wegen zur internationalen Friedenssicherung, die über die Reichweite des Rechts hinausreichen, kann es in einer friedens*ethischen* Perspektive nicht um alternative, vielmehr muss es um komplementäre Zugangsweisen gehen. Denn die Fundierung einer Friedensordnung im Recht stellt eine, wenn auch notwendige, so doch nicht bereits hinreichende Bedingung dafür dar, dass diese Ordnung auch ethisch annehmbar ist. Recht kann zudem nur dann als integraler Bestandteil einer solchen Ordnung betrachtet werden, wenn es auf einer rechtsethischen Grundlage konzipiert wird, also auf nichtpositivistischer Basis: Es muss darauf gerichtet sein, der Gerechtigkeit zu dienen und bleibt auch dabei menschliche Satzung, die stets unvollkommen und fehleranfällig ist und der Verbesserung bedarf (vgl. Radbruch 1946). Dies gilt zum einen angesichts der Tatsache, dass jede konkrete Gestalt, die Recht annimmt, die jeweils zeitgebundene Sicht auf Welt und Menschen widerspiegelt. Darüber hinaus aber drücken sich in dieser Gestalt zumindest teilweise auch Machtkonstellationen und partikulare

© Springer Fachmedien Wiesbaden GmbH, ein Teil von Springer Nature 2020
S. Jäger und L. Brock (Hrsg.), *Frieden durch Recht – Anfragen an das liberale Modell*, Gerechter Frieden, https://doi.org/10.1007/978-3-658-28747-4_4

politische Interessen derjenigen Akteure aus, die den Inhalt von Rechtsnormen definieren. Gegen Versuche der missbräuchlichen Indienstnahme des Rechts für solche Interessen muss ein Recht, das Verbindlichkeit für alle Normadressaten beansprucht, sich behaupten beziehungsweise hiergegen verteidigt werden können (vgl. Brock und Simon 2018). Aus diesen Gründen kann sich die Verwirklichung einer menschenrechtsfreundlichen Friedensordnung nicht in der Schaffung von positivierten Rechtsnormen erschöpfen.

Der politische Gestaltungsauftrag über das Recht und die speziell auf die Rechtsordnung bezogenen Institutionalisierungen hinaus bezieht sich vor allem darauf, dass die gewaltsame Austragung von Konflikten verhindert wird – was impliziert, dass eine solche inhärent gewaltaffine Dynamik möglichst gar nicht entstehen soll. Der Terminus „Friedenssicherung" umfasst damit nicht nur das Spektrum dessen, was herkömmlich mit einem „negativen" Friedensbegriff assoziiert wird, sondern erstreckt sich auch auf politische Handlungsdimensionen, die im weiteren Sinn der Gewaltprävention dienen. Gegenwärtig müssen dabei die Abwehr autoritärer Politikmuster und die Herstellung gerechterer Beziehungen und Verhältnisse im sozialen und ökonomischen Bereich, innerstaatlich wie international, im Vordergrund stehen. Dies schließt die Dimension intergenerationaler Gerechtigkeit, besonders in Bezug auf die Bewahrung der natürlichen Lebensgrundlagen, mit ein.

2 Grenzen der Leistungsfähigkeit heutiger politischer Institutionen zur Friedenssicherung

Die Schwäche des internationalen Rechts beruht zum Teil darauf, dass substanzielle Zweifel daran bestehen, dass sich mit seiner Hilfe elementare Gerechtigkeitsprinzipien politisch hinreichend wirksam zur Geltung bringen lassen. Diese Problematik spiegelt sich im Spannungsverhältnis von Legalität und Legitimität politischer Entscheidungen. Als Beispiel mag dienen, dass sich der UN-Sicherheitsrat in zahlreichen Krisen- und Konfliktsituationen als handlungsunfähig erweist – und zwar gerade in solchen, bei denen es auf seine Entscheidungen besonders ankäme. Die Zusammensetzung dieses Gremiums ist am machtpolitisch Möglichen ausgerichtet, nicht aber gleichermaßen an dem Ziel, den Mitgliedsstaaten der UN eine angemessene Partizipation zu eröffnen. Diese Situation beruht auf strukturellen Ursachen, die in den starken Asymmetrien von Macht und Einfluss im internationalen System begründet liegen. Solche strukturellen Bestimmungsfaktoren der internationalen Ordnung scheinen jedenfalls auf absehbare Zeit kaum veränderbar zu sein (vgl. Nardin 2019[1]). Sie erschweren bereits entscheidend den Versuch, nach dem Ende des Ersten Weltkriegs eine internationale Ordnung zu schaffen, die künftigen Kriegen größeren Ausmaßes vorbeugen sollte: Zu gering war das Vertrauen der Staaten in die Tragfähigkeit des moralischen Prinzips der internationalen Solidarität gegen Akteure, die sich unter Rückbezug auf ihr Souveränitätsrecht politische Vorteile von einem Bruch der Friedensordnung erwarten konnten (vgl. Conze 2018[2]). Sehr pointiert formuliert die daraus resultierenden Probleme Sibylle Tönnies:

---

1 Prägnant fällt die politisch-ethische Beurteilung der Entwicklung der letzten hundert Jahre bei Booth (2019, S. 376) aus: „Progress, carefully considered, is possible, but the history of the international over the past century exposes how resistant the system of states has been to progressive, emancipatory goals. Too often sovereignty has given authority to inhumanity, and too often the nation-state has functioned as a petri dish for injustice."
2 Conze (2018, vor allem S. 64ff.) kann überdies zeigen, in wie starkem Maße weltordnungspolitische Überlegungen, die auf einer

„Wenn [Christian] Tomuschat sagt: ‚Auch der Mächtige muss sich an die Schranken halten, die ihm das Völkerrecht zieht', übersieht er, dass gerade dem Mächtigen die Rechtstreue am wenigsten zugemutet werden kann. Das Fehlen einer überwältigenden zentralen Exekutive, das Fehlen einer Weltpolizei macht ihn, will er dem Recht Gehorsam leisten, unerträglich verwundbar. Die Schwachen können dem Gewaltverbot eher gehorchen, weil sie auf den Schutz der Supermacht rechnen können. Diese selbst aber ist auf verbotene Eigenmacht angewiesen. ‚Anders als Europa oder Japan kann sich die Nummer eins nicht unter den strategischen Schutzschirm eines anderen Landes flüchten' (Josef Joffe […])" (Tönnies 2006, S. 69).

In der von Tönnies beschriebenen Konstellation kann sich zudem eine Gefahr verschärfen, mit der unter den gegebenen Strukturbedingungen des internationalen Systems generell zu rechnen ist. Richard Ned Lebow und Mervyn Frost haben gezeigt, dass unter diesen Bedingungen eine Reihe von Möglichkeiten bestehen, verantwortliche Akteure in „ethische Fallen" (Lebow und Frost 2019) zu locken. Diese entstünden dort, wo solche Akteure in Situationen gebracht werden, die sie dazu nötigen sollen, zwischen dem Erfolg ihres Handelns und der Bindung an ethische Standards wählen zu müssen – Standards, die sie selbst an dieses Handeln anlegen und die teilweise politisch im internationalen System, teilweise im internationalen Recht, anerkannt und kodifiziert sind. Entscheidet sich insbesondere ein Akteur, der sich mit dem Modell einer liberalen[3], dem Schutz der menschlichen Würde verpflichteten Weltordnung identifiziert, unter solchen Umständen zugunsten

---

friedensethischen Grundoption beruhten, bereits beim Eintritt der USA in den Ersten Weltkrieg ausschlaggebend gewesen waren, und in wie vielen Aspekten die Politik der USA im Zweiten Weltkrieg denselben Konzeptionen folgte.

3   Vieles spricht dafür, statt den etablierten Terminus „liberale Ordnung" zu verwenden, eher von einem „deliberativen Modell" politischer Organisation zu sprechen. Der Schutz der menschlichen Würde durch

des angestrebten Erfolgs, so riskiert er zugleich seine moralische Glaubwürdigkeit. Daraus folgt eine Einbuße an politischer Unterstützung, zumindest im eigenen Land, häufig jedoch auch seitens der Weltöffentlichkeit. Da dies mit einer signifikanten Minderung des künftigen politischen Einflusses des Akteurs einhergeht, liegt genau hierin das eigentliche, teils kurz- teils längerfristig angestrebte Ziel derjenigen, die die Falle gestellt haben.

Als Beispiel vermag die gewaltsame Eskalation des Gaza-Konflikts im Jahr 2014 zu dienen. Sie wurde von der Hamas bewusst – nämlich durch die Schaffung eines hohen Risikos für die Zivilbevölkerung im Gaza-Streifen – in einer Weise herbeigeführt, die Israel weltöffentlich ins Unrecht setzen sollte. Denn der intensive Raketenbeschuss auf israelisches Gebiet erfolgte aus dicht besiedelten Bereichen in Gaza und war damit seinerseits nicht nur eine ethisch verwerfliche Handlungsweise, sondern erfüllte auch den juristischen Tatbestand eines Kriegsverbrechens. Die einzige Möglichkeit für die israelische Seite, in der Gegenwehr Risiken für Zivilpersonen zu vermeiden, wäre der weitgehende Verzicht auf eine militärische Reaktion gewesen, der wiederum als der israelischen Öffentlichkeit nicht vermittelbar erschien. Die Verantwortlichen auf israelischer Seite waren sich dieses Dilemmas, das einer ethischen Falle gleichkam, bewusst, zugleich sahen sie jedoch keine Möglichkeit, sie zu umgehen – wobei stets versucht wurde, die ungewollten Folgen militärischer Gewaltanwendung durch gezielte Warnungen vor bevorstehenden Angriffen möglichst zu minimieren (vgl. Lebow und Frost 2019).

Die tatsächliche Verfasstheit des internationalen Systems erweist sich daher in mehrfacher Hinsicht als ethisch unbefriedigend. Hierauf beruht ein gutes Stück weit die politische Brisanz der

---

das menschenrechtliche Ensemble von Freiheits-, Anspruchs- und Teilhaberechten bildet hierbei das normative Zentrum.

gegenwärtigen Weltordnungsdebatte, in der auch in einer zunehmenden Zahl von demokratisch regierten Staaten deutliche Kritik am Prinzip des Multilateralismus formuliert wird. Die Frage, ob die Durchsetzung elementarer ethischer Standards der Nachkriegsordnung seit 1945 nicht stärker auch unilateraler beziehungsweise in „Koalitionen der Willigen" getroffener Entscheidungen bedarf, lässt sich daher nicht einfach dadurch abweisen, dass man sie als Camouflage machtpolitischer Ambitionen verdächtigt – besonders nicht angesichts der realen Verlaufsgeschichte des Kalten Krieges (vgl. Mearsheimer 2019). Im Rahmen des „Princeton Project on National Security" wurde in den USA bereits zu Beginn des neuen Jahrtausends intensiv über die ordnungspolitischen Implikationen und Konsequenzen der sich verändernden weltpolitischen Koordinaten nachgedacht – unter ausdrücklicher Berücksichtigung der Fragestellungen, die sich für das internationale Recht hieraus ergeben (Ikenberry und Slaughter 2006).

Die Aufmerksamkeit für die ordnungspolitische Relevanz solcher Veränderungen zeigt sich ebenso daran, wie sich etwa zeitgleich die Diskussion um das Konzept der internationalen Schutzverantwortung (R2P) entwickelte. Im Ergebnis solcher Überlegungen griff eine internationale Koalition unter Führung der USA im Sommer 2014 zum Schutz der durch Milizen des „Islamischen Staats" bedrohten Jesiden im Nordirak militärisch ein, nachdem über mehr als drei Jahre eine bewusste Politik der Nichtintervention in den Syrienkonflikt verfolgt worden war. Die in der bundesdeutschen Debatte vorgetragene Kritik, diesem Eingreifen fehle die notwendige Mandatierung durch eine Resolution des UN-Sicherheitsrats, bezeichnete der damalige Außenminister Frank-Walter Steinmeier als „weltfremd", da doch jeder wisse, dass es dafür keine Chance gebe (Steinmeier 2014). Die Alternative könne freilich nicht sein, dass man schutzlose Menschen, deren Leben unmittelbar bedroht sei, ihrem Schicksal überlasse.

Deswegen stellt sich die Frage, wie weit eine auf dem Grundsatz gleicher Souveränität beruhende Partizipation der Mitgliedsstaaten der UN mit den Grundlagen einer liberalen Friedensordnung vereinbar ist. Sie muss durch eine Präzisierung des Begriffs der Souveränität beantwortet werden: Fundamentaler als die Staatensouveränität sind die grundlegenden Menschenrechte, auf deren Achtung und Schutz nicht nur das deutsche Grundgesetz (Art. 1), sondern auch die Allgemeine Erklärung der Menschenrechte von 1948, die UN-Menschenrechtspakte von 1966 und zahlreiche andere, einzelnen Menschenrechten geltende internationale Konventionen die Staatenwelt verpflichten. Souveränität darf also grundlegende menschenrechtliche Schutznormen nicht aushebeln können, wenn nicht die tragenden Bauelemente der liberalen Friedensordnung in Gefahr geraten sollen. Diesem Sachverhalt trug die UN-Generalversammlung in ihrer Resolution 60/1, Ziff. 138f. (2005) Rechnung, indem sie sich zum Konzept der internationalen Schutzverantwortung bekannte. Diese wird für den Fall aktuell, dass ein Mitgliedsstaat schwere Menschenrechtsverbrechen in seinem Hoheitsgebiet entweder nicht hindern kann oder nicht hindern will: Die Einrede, vor auswärtiger Intervention schütze ihn sein Souveränitätsrecht, gilt nicht (mehr) in solchen Extremsituationen. Nur dadurch lässt sich auch der Anspruch auf Glaubwürdigkeit aufrechterhalten, der mit der Fundierung der liberalen Ordnung in ethischen Grundsätzen erhoben wird, wie sie in der Präambel der Charta der Vereinten Nationen ausdrücklich formuliert wurden.

Jedoch machen die Formulierungen der genannten Resolution zugleich deutlich, dass die Schutzverantwortung von den verfassten Organen der Staatengemeinschaft und nicht von einzelnen oder mehreren Mitgliedsstaaten in eigener Initiative wahrgenommen werden soll. Die Vereinten Nationen wollten auf diese Weise die Effizienz des Menschenrechtsschutzes stärken, ohne die prozeduralen Anforderungen hierfür zu stark abzusenken und die Reichweite der

Prinzipien des Multilateralismus mehr als unbedingt notwendig einzuschränken. Dennoch bleibt auch in dieser Konstruktion das Grundproblem der liberalen Ordnung ungelöst, dass Staaten, die zu den schlimmsten Verletzern der Menschenrechte gehören, in den Beschlussgremien der Staatengemeinschaft über den Umgang mit Menschenrechtsverbrechen in anderen Staaten mitentscheiden können. Das damit verbundene moralische Legitimitätsdefizit der Entscheidungsfindung in solchen Gremien zeigte sich an der Auflösung der ehemaligen UN-Menschenrechtskommission. Der UN-Menschenrechtsrat, der ab 2006 an ihre Stelle trat, steht jedoch mittlerweile häufig vor denselben Problemen, zu deren Abhilfe er ins Leben gerufen wurde (Barmet 2018).

Dass sich zentrale politische Akteure tendenziell vom Multilateralismus abwenden, bringt trotz aller Negativerfahrungen und ernstzunehmender Besorgnisse, die dieser Entwicklung zugrunde liegen, große Risiken mit sich. Ein auf den Gedanken internationaler Kooperation zum allseitigen Vorteil gegründetes Konzept könnte durch die Rückkehr zur Konkurrenz großer Mächte, vor allem zwischen den USA einerseits, Russland (mit fortdauernden imperialen Ambitionen: Abalow u. a. 2019) und China andererseits, abgelöst werden. Eine weltpolitische Konstellation, die auf der Betonung von Rivalität – unter Einschluss politischer und ökonomischer Strategien von „coercive aggression" beziehungsweise „gray zone competition" unterhalb der Schwelle eines Kriegs (Morris u. a. 2019) – statt auf verregelter Kooperation beruht, weist zugleich eine tragische Dimension auf, weil in ihr stabile Zustände die Ausnahme, nicht aber die Regel sind (vgl. Erskine und Lebow 2012). So stiege voraussichtlich die Gefahr von Kriseninstabilität, die durch eine nachweislich verbreitete Neigung von Akteuren noch verstärkt wird, optimistischen gegenüber skeptischen Einschätzungen zukünftiger politischer Entwicklungen den Vorzug zu geben (vgl. Vandepeer 2019; mit Bezug auf den Irak-Krieg ab 2003: Krell

2019, S. 26). Denn dadurch wird die politische Eskalationsdynamik krisenhafter Verlaufsprozesse unterschätzt – im schlimmsten Fall droht der Ausbruch eines ausgedehnten und mit dem Einsatz von Nuklearwaffen verbundenen Krieges (vgl. Mearsheimer 2001; Kissinger 2014; Cohen und Radin 2019). Hierzu trägt zusätzlich bei, dass – nicht zuletzt als Folge des anwachsenden Misstrauens zwischen entscheidenden Akteuren – die Lage auf dem Gebiet der Rüstungskontrollpolitik prekär geworden ist. Der INF-Vertrag wurde gekündigt; es bestehen derzeit kaum Aussichten auf ein erweitertes weltweites Abkommen zu Mittelstreckensystemen: die Zukunft des New-START-Abkommens ist ungewiss; weiterhin fehlt es an einem Kontrollregime, das an die Stelle des Abkommens über Konventionelle Streitkräfte in Europa (KSE) träte.

3 Die weltinnenpolitische Herausforderung durch autoritäre Denkformen und Politikkonzepte

Zugleich findet gegenwärtig ein offenkundiger Prozess der Revitalisierung autoritären Denkens in zahlreichen Staaten und Regionen der Welt statt. Politische Handlungsweisen, die aus ihm resultieren, zeichnen ein zunehmend bedrohlich und „revisionistisch" gegenüber dem bisherigen Zustand der Staatenwelt erscheinendes Bild. Es führt dazu, das Vertrauen in die Bestandsfähigkeit einer liberalen Ordnung gegenüber diesen aktuellen Gefährdungen des inner- wie zwischenstaatlichen Friedens weiter zu untergraben (vgl. Phillips 2019), und lässt damit zugleich eine „weltinnenpolitische" (Carl Friedrich von Weizsäcker) Dimension erkennen. Konzeptionelle Mängel der derzeit verwirklichten Ordnung bestehen vor allem im Bereich der innerstaatlichen Sozialpolitiken einerseits, der Welthandels- und Entwicklungspolitik andererseits und haben sich im vergangenen Jahrzehnt teils deutlich verschärft. Sie bieten zusätzliche Anknüpfungspunkte für einen Teil des antidemokratischen Ressentiments, da sich letzteres gerade aus dem Verweis auf tatsächliche Defizite und manifeste Ungerechtigkeiten speist (vgl. Weidner 2018; im Hinblick auf Mittel- und Osteuropa Kovats und Smejkalova 2019).

Die autoritäre Denkform lässt sich besonders dadurch charakterisieren, dass sie sich an Autoren und Traditionen orientiert, die den modernen Verfassungsstaat und seine Fundierung in nicht aufhebbaren grundrechtlichen Sicherungen für den einzelnen Bürger mindestens stark relativieren, wenn nicht ablehnen. Demgegenüber werden kollektive Interessen stark betont, aber in einer Form, dass sich eine Mehrheitsgesellschaft, die sich in diesem Sinn kollektiv ihrer Identität vergewissert, einer oder mehreren Minderheiten gegenübersieht, denen sie formell oder informell die Zugehörigkeit zur Mehrheit abspricht. Die handlungsleitende Logik dieses Denkens lautet nicht „Inklusion" oder „Integration", sondern „Exklusion": Das Kriterium für die Zuerkennung von Rechten ist nicht die individuelle Würde von Menschen, sondern die Bestimmung von Identität über partikulare Merkmale, die sich nicht auf den Personstatus der Betroffenen gründen – etwa die Zugehörigkeit zu ethnischen, sozialen oder politischen Gruppierungen und die Identifizierung mit ihnen. Mit der Logik der Ausgrenzung zuinnerst verbunden ist diejenige der Demütigung der anderen: Sie werden auf teils offene, teils subtile Weise in einer Behandlung festgehalten, die ihnen beständig ihr Nicht-gleich-Sein mit den Angehörigen der Mehrheit vor Augen führt. Diese Denkform ist besonders anfällig für nationalistische Ideologeme (Fukuyama 2019) und durch ihre innere Dynamik hochgradig gewaltaffin. Mit ihr geht nicht zuletzt ein Ansteigen antisemitischer Übergriffe einher, die in einer erschreckenden Koinzidenz

Friedensgestaltung auf dem Fundament des Rechts 77

mit intoleranten, ausgrenzenden Sprach- und Handlungsmustern innerhalb der jeweiligen Gesellschaften stehen.

Demgegenüber arbeitete schon vor mehr als zwanzig Jahren der Sozialphilosoph Avishai Margalit in seiner grundlegenden Abhandlung „Politik der Würde" den Gedanken heraus, es gehöre zu den Grundprinzipien menschenrechtsfreundlicher Staatsauffassungen, dass Menschen nicht gedemütigt werden dürfen – weder durch ihresgleichen noch durch staatliche oder gesellschaftliche Institutionen:

> „Ich möchte [...] zwischen einer anständigen und einer zivilisierten Gesellschaft unterscheiden. In einer zivilisierten Gesellschaft demütigen die Menschen einander nicht, während es in einer anständigen Gesellschaft die Institutionen sind, die den Menschen nicht demütigen. [...] Eine anständige Gesellschaft bekämpft Verhältnisse, durch die sich ihre Mitglieder mit Recht gedemütigt fühlen können" (Margalit 1997, S. 15, 24).

Menschenrechtsfreundliche Gesellschafts- und Staatsordnungen beruhen daher exakt auf jenen Überzeugungen, die zu denjenigen der Vertreter autoritärer Denkformen konträr sind. Bereits Karl Raimund Popper brachte diesen grundlegenden Konflikt der Menschen- und Weltbilder durch seine Unterscheidung zwischen „offenen" und „geschlossenen" Gesellschaftstypen auf den geradezu klassisch gewordenen Begriff (Popper 1945). Dabei lag ihm daran, zu betonen, dass es gerade nicht optimistische Annahmen über den Menschen sind, vielmehr eine empirisch begründete Skepsis ihm gegenüber, die von einer offenen Gesellschaft weit mehr Eindämmung von gewaltaffinen Einstellungsmustern erwarten lässt, als dies in geschlossenen Gesellschaftstypen der Fall ist – wie die Erfahrungen der jüngsten Vergangenheit eindrucksvoll belegen.

Daher erscheint die Konfrontation mit der empirischen Realität von Gewaltherrschaften unverändert als der geeignetste, wenn nicht sogar als der unverzichtbare Ausgangspunkt für eine Aufklärung über die Gründe, aus denen nur das Eintreten für eine offene Gesellschaft einen verlässlichen Schutz der Würde aller Menschen erwarten lässt. Gerade für nachwachsende Generationen, die keinen unmittelbaren Erfahrungshintergrund mit Formen autoritärer Herrschaft und ihren totalitären Ansprüchen verbinden, ist eine Annäherung an ihre Unterdrückungsmethoden und deren zerstörerische Auswirkungen für die von Verfolgung betroffenen Menschen insbesondere an Orten des Gedenkens möglich. Hierin liegt eine bleibende Aufgabe von Erinnerungs- und Gedenkstättenarbeit, in nahezu jeder Form, die bisher in fachlich qualifizierten Kontexten dazu gefunden wurde. Es ist ermutigend, dass in Deutschland das Interesse an dieser Arbeit, die den Grundlagen politischer Orientierung auch in der Gegenwart gilt, nicht nachgelassen hat, ja, jedenfalls an einigen zentralen Orten sogar noch zunimmt. Von Bedeutung ist jedoch nicht weniger, dass die Frage nach einem angemessenen politischen und gesellschaftlichen Umgang mit den traumatisierenden Folgen von politischer Verfolgung, Bürgerkrieg und kriegerischer Gewalt inzwischen weltweit Aufmerksamkeit erfährt. Dabei rücken auch die Auswirkungen solcher Gewalterfahrungen im kollektiven Bewusstsein und ihr Einfluss auf die Wahrnehmung aktueller politischer Entwicklungen durch die betroffenen Menschen, besonders in Krisen- und Konfliktkonstellationen, zunehmend in den Blick (Auchter 2019).

Eine herausragende Bedeutung dafür, eine Grundhaltung des „Nie wieder!" zu schaffen und zu festigen, haben dabei nicht zuletzt Zeitzeugengespräche. Denn gerade in ihnen wird den Hörern auf eine Art, die sie in besonderer Weise persönlich zu berühren vermag, vermittelt, wie sich ein Leben in Angst und Bedrohtheit unter einem repressiven System, dem man hilflos ausgeliefert ist, tatsächlich „anfühlt" – und wie sehr es die Menschen, die unter ihm zu leben gezwungen sind, auch in moralischer Hinsicht und damit in Fragen ihrer persönlichen Integrität und Identität zu beschädigen vermag. So entsteht das notwendige Bewusstsein dafür, dass man solche Systeme nur mit Aussicht auf Erfolg bekämpfen kann, bevor sie sich etabliert haben – will man nicht mit der sehr ungewissen Hoffnung leben müssen, dass sie durch eine auswärtige Intervention beseitigt werden, die zudem ihre eigenen Probleme mit sich bringt und erfahrungsgemäß selbst bei günstigem Verlauf zahlreiche Opfer fordert.

Erst die hierdurch bewirkten Einstellungsmuster disponieren zu einem hinreichend entschiedenen Eintreten für die Verteidigung der Lebensform der offenen Gesellschaften und der ihnen gemäßen Rechtsordnung – vor allem zu einem solchen, das sich auch gegen die Erfahrung von Widerständen, Einschüchterungsversuchen und anderen Rückschlägen durchhalten lässt. Die Grundeinsicht, dass man eine menschenwürdige Lebensform verliert, wenn man sich nicht aktiv für ihre Erhaltung engagiert, hat der englische Staatsphilosoph und Schriftsteller Edmund Burke in einem prägnanten Wort formuliert: „When bad men combine, the good must associate; else they will fall, one by one, an unpitied sacrifice in a contemptible struggle" (Burke 1770).

Im Zusammenhang der Arbeit an authentischen Formen des Erinnerns (vgl. Hoppe 2018), die ethische Orientierung für die Auseinandersetzungen der Gegenwart zu geben vermögen, gilt es jedoch ebenso, jener Menschen und ihrer Handlungsweisen zu gedenken, denen es darum ging, Menschenleben zu schützen und zu retten. Solche Versuche waren so gut wie stets mit der unmittelbaren Gefahr verbunden, dass die beziehungsweise der Rettende selbst sein Leben verlor, und sie endeten auch keineswegs in jedem Fall erfolgreich. Dennoch, ja gerade deswegen, sind sie ein bleibendes Zeugnis dafür, dass Menschlichkeit etwas ist, was selbst unter den Bedingungen brutalster Repression nicht getötet werden konnte. Seit Arno Lustigers grundlegender Publikation gleichen Titels spricht man von „Rettungswiderstand" für diese Formen individuellen moralischen Engagements. Dadurch wird betont, dass auch den auf den ersten Blick unpolitisch erscheinenden Ausdrucksweisen dieser Einstellung zu verfolgten Menschen die Qualität widerständigen Handelns, das entsprechende Anerkennung verdient, zuzumessen ist (Lustiger 2011; Kosmala und Schoppmann 2006).

4 Defizite an Gerechtigkeit und Nachhaltigkeit in den internationalen Wirtschaftsbeziehungen

Fast auf allen Gebieten der internationalen Politik, besonders jedoch im ökonomischen Sektor, besteht ein strukturelles Grundproblem darin, dass es für einzelne Staaten zahlreiche Möglichkeiten gibt, kurzfristige Vorteile zu erringen, dies aber in ungerechtfertigter Weise zu Lasten anderer Staaten und ihrer Bürger geht. Oftmals wird dadurch letztlich auch das Eigeninteresse derjenigen, die auf diese Weise Gewinne zu realisieren suchen, jedenfalls auf längere Sicht geschädigt. Zu beobachten ist eine Abkehr von multilateralen Regelsystemen (etwa der WTO) hin zu einer Vielzahl bilateraler Verträge, die wirtschaftlich mächtige Staaten mit solchen schließen, deren Verhandlungsmacht als einzelne Akteure deutlich schwächer ist. Dies birgt die Gefahr, dass unfaire Handelsbedingungen verfestigt und neue geschaffen werden. Bei Umweltfragen besteht demgegenüber eine Tendenz, die eingegangenen Verpflichtungen so zu gestalten, dass sie sich nur marginal einschränkend auf die erwarteten wirtschaftlichen Dynamiken und damit auf die Wohlstandszuwächse auswirken, die man sich von letzteren erhofft. Dabei ist aus Sicht von Ländern, in denen verbreitete Armut und Strukturen endemischer, auch politischer Unterentwicklung (*bad governance*) herrschen, ein solches Argument durchaus nachvollziehbar: Um Armut effektiv zu verringern, setzt man auf ökonomisches Wachstum, das aber schnell mit Umweltschutzinteressen kollidieren kann. Solche Handlungslogiken lassen sich daher als „Rationalitätsfallen" beschreiben (Krell 2019, S. 14).

Eine der wichtigsten Aufgaben, die im Interesse einer Förderung internationaler Gerechtigkeit zu lösen sind, lautet deswegen: Ein nachhaltiges Konzept von Handel, Entwicklung und Entwicklungszusammenarbeit zu erarbeiten, in dem sowohl die hier bestehenden Interdependenzen berücksichtigt werden wie die resultierenden ökologischen Konsequenzen[4]. Schon das längerfristige Eigeninteresse der reichen Länder fordert, dass sie sich hier weit stärker engagieren und vor allem sichergestellt wird, dass die Nettotransfers von Handels- und Entwicklungspolitik in erster Linie den Ländern des Südens, nicht denen des Nordens, zugutekommen. Nur so lässt sich auch erwarten, dass mittelfristig die gewaltigen weltweiten Migrationsbewegungen verringert werden können, indem zumindest einige der wichtigsten Ursachen hierfür politisch bearbeitet werden (vgl. Pogge 2015; Alvaredo et al. 2018). Es geht jedoch in diesem Zusammenhang nicht nur um Aspekte gerechterer Verteilung beziehungsweise eines gerechteren Ausgleichs von Interessen, sondern Aufmerksamkeit muss ebenso den sozialen Grundrechten der betroffenen Menschen

---

4 Zu einer eingehenden Analyse der Defizite eines Konzepts von „Peace through Law", das die Frage nach den „deep structures" – den anthropologischen, psychologischen, sozialen, ökonomischen und ökologischen Implikationen – einer weltweit friedensfähigen Ordnung unterbestimmt lässt, vgl. die Arbeiten von B. S. Chimni (2015 und 2017), die aus indischer Perspektive argumentieren und unter anderem an den Ansatz Mahatma Gandhis anzuknüpfen suchen. Ich danke Lothar Brock und Hendrik Simon für den Hinweis auf diesen Autor.

in anderen Hinsichten gelten – etwa der Durchsetzung von Arbeitsschutznormen in Produktionsprozessen, um den vielfältigen Formen „moderner Sklaverei" entgegenzuwirken (vgl. Arlacchi 2000; Bales und Siegel 2016). Dies gilt umso mehr, nachdem sich zahlreiche zentrale Annahmen hinsichtlich einer allgemeinen Förderung von Prosperität und ökonomischer Entwicklung, mit denen Phänomene zunehmender Globalisierung zu Anfang des 21. Jahrhunderts begleitet worden waren, in der Zwischenzeit nicht bestätigt haben. Die tatsächlichen Auswirkungen solcher Prozesse werfen vielmehr für viele Menschen verstärkt „Ängste und Sorgen" in Bezug auf die Frage auf, wie „die Aussicht auf Solidarität in einem Wohlfahrtsstaat als ideales Modell" (Guterres 2019) weltweit durchgesetzt werden kann.

5 Zur Friedensrelevanz von Religionsgemeinschaften

Die Rolle von Kirchen und religiösen Gemeinschaften in Bezug auf Fragen der Friedensgestaltung erscheint ambivalent. Sie können zur Verschärfung von Konflikten durch eine religiös konnotierte Gewaltlegitimation ebenso beitragen wie dazu, Konflikte mit dem Ziel der Verhinderung beziehungsweise Überwindung ihrer gewaltsamen Eskalation zu bearbeiten. Friedensgefährdend wirken sie in besonderer Weise dort, wo sie nicht danach fragen, von welchen gemeinsamen ethischen Überzeugungen aus Menschen verschiedener religiöser oder weltanschaulicher Identität zur Verbesserung der Welt zusammenwirken können – der Fundamentaltheologe Johann Baptist Metz spricht hier von einer „indirekten Ökumene der Religionen […] in der Praxis gemeinsamer Weltverantwortung, im gemeinsamen Widerstand gegen die Ursachen ungerechten Leidens in der Welt" (Metz 1997, S. 203). Wo stattdessen exklu-

Friedensgestaltung auf dem Fundament des Rechts

sive, Andersdenkende abwertende Wahrheitsansprüche, auch in Fragen der individuellen und sozialen Lebensgestaltung, an die oberste Stelle gesetzt werden, bleibt für eine tolerante, Diversität grundsätzlich respektierende, Sozialgestalt des Religiösen nur wenig oder gar kein Raum. Vor einer derartigen Versuchung ist kein religiöses Denksystem grundsätzlich gefeit, und daher findet in ihnen seit langem eine Auseinandersetzung darum statt, wie man den verhängnisvollen Auswirkungen solchen Denkens entgehen kann – auch die Religionsgemeinschaften wurden durch den Prozess der Aufklärung erheblich transformiert.

Die Frage nach einer religiösen Denkform, die den heutigen Herausforderungen angemessen erscheint, stellt sich mithin innerhalb religiöser Systeme selbst – sie muss nicht erst nachträglich von außen an sie herangetragen werden. Es bedarf einer Öffnung der jeweiligen Binnendiskurse hin zu einem Dialog mit anderen Positionen und Sichtweisen, ohne den eine gemeinsame Anstrengung zur Veränderung der Weltverhältnisse hin zu mehr Gerechtigkeit und Frieden kaum erreichbar erscheint. Wie weit sind Religionsgemeinschaften weltweit aber in der Lage, eine kritische Hermeneutik hinsichtlich ihrer traditionellen Lehren zu entwickeln und jene Pluralität an Positionen zuzulassen, ohne die ein qualifizierter, ein Voranschreiten des Denkens ermöglichender theologischer Diskurs, auch jenseits der Binnengrenzen, unmöglich ist?

Ein Blick auf die Geschichte der Entwicklung von inhaltlichen Positionen innerhalb religiöser Gemeinschaften, besonders im Hinblick auf Fragen der Ethik, ist hier angezeigt. Er macht deutlich, dass sich neben Auffassungen, denen die Überlieferung und Weitergabe traditioneller Überzeugungen als wichtigste Aufgabe erschien, stets die Kritik der Reformbewegungen an problematischen Engführungen innerhalb dieser Traditionen fand – eine Kritik, die für deren Auswirkungen auf das Leben der Angehörigen dieser Gemeinschaften, aber auch auf die Wahrnehmung und Interpretation größerer sozialer und politischer Zusammenhänge sensibel war. Dies gilt insbesondere für die monotheistischen Religionen: Ihre Theologiegeschichten lassen sich mühelos als fortdauernde intellektuelle und spirituelle Diskussions- und Klärungsprozesse rekonstruieren, in denen bestimmte Fragestellungen immer wieder neu aufgeworfen wurden, da sie in der bisherigen Entwicklung noch keine befriedigenden Antworten gefunden hatten (vgl. Angenendt 2007, 2018; Schulze 2018). Oftmals war das Sich-Einlassen auf solche Auseinandersetzungen für die daran Beteiligten gefahrvoll: Unzählige Menschen, vor allem Christen und Muslime, verloren darin ihr Leben – selbst wenn später nachgewiesen wurde, dass die gegen sie verhängten Urteile eklatant unrechtmäßig zustande gekommen waren. Auch heute noch sind Menschen in zahlreichen Regionen der Welt durch Gewaltakte bedroht, die sich religiös zu legitimieren suchen. Die Verhältnisbestimmung von Religion und Gewalt – nicht nur in ihren physischen Erscheinungsformen – hat sogar eher wieder an Brisanz zugenommen.

Reinhard Schulze hält im Hinblick auf muslimische Anschauungsformen fest: „Eine Grenze der Zumutbarkeit [...] ist dort gegeben, wo muslimische Akteure einen Islam herbeideuten, der die Freiheit der liberalen Möglichkeitsordnung nicht nur intellektuell, sondern sozial und politisch infrage stellt. Das kann auch ein Islam sein, der sich physischer und psychischer Gewalt bedient, um die Freiheit, die subjektiven Rechte und die Wahlmöglichkeiten der Gemeindemitglieder einzuschränken oder gar aufzuheben" (Schulze 2018, S. 38). *Mutatis mutandis* gilt dies jedoch ebenso für andere Religionsgemeinschaften und es zeigt an, welche Bedeutung einer Klärung des Verhältnisses zur Gewalt, in ihren teils offenen, teils subtilen Erscheinungsformen, innerhalb und zwischen solchen Gemeinschaften zukommt – auch für die Erhaltung säkularer Strukturen und Konstellationen, die Friedensfähigkeit bewirken können. Es ist dabei keineswegs ausgemacht, dass es den Religionen gelingt, dieser Aufgabenstellung gerecht zu werden – die Diagnose von Ambivalenzen in Bezug auf die Positionierung zur Frage der Gewalt, wenn nicht sogar offenkundiger Gewaltaffinitäten, legt nahe, dass hier eher eine zurückhaltende als eine optimistische Prognose adäquat ist. Doch haben solche Ambivalenzen auch ein Hoffnungspotential – die religiöse beziehungsweise religionspolitische Konzeption verstellt konstruktive, psychische wie physische Gewalt mindernde beziehungsweise -überwindende Weiterentwicklungen der eigenen Tradition nicht prinzipiell, selbst wenn offen bleibt, ob und in welchen Erscheinungsformen sie sich durchzusetzen vermögen.

6 Ausblick

Vor dem Hintergrund der voranstehenden Analyse lässt sich die Aufgabe der Friedensethik in doppelter Weise bestimmen: Sie muss sich einerseits um eine möglichst konkrete normative Orientierung des Politischen auf Entstehungsmöglichkeiten und strukturelle Erfordernisse eines gerechten Friedens hin bemühen. Dies kann nicht gelingen, ohne dass zuvor eine nüchterne Bestandsaufnahme der gegenwärtigen Weltverhältnisse mit Hilfe sozial- und kulturwissenschaftlicher Methoden und Instrumente vorgenommen wird. Andererseits muss sie jedoch darauf achten, vor den analysierten Gegebenheiten und ihren inhärenten Dynamiken nicht einfach zu kapitulieren. Denn dies liefe letztlich auf eine Preisgabe des ethischen Anspruchs hinaus, die Welt ein Stück bewohnbarer zu machen, ein Stück menschlicher zu gestalten.[5] Zugleich lässt sich

---

5 In der jüdischen Tradition spielt deswegen das Konzept des *tikkun ha olam*, das sich als ethischer Auftrag, die Welt „zusammenzufügen" (to mend the world) übersetzen lässt, eine bedeutende Rolle für die Perspektivierung des individuellen Ethos.

nur in diesem Bemühen die Hoffnung der Akteure wachhalten, dass ihr Einsatz, der ihnen oft viel Mut und Enttäuschungsfestigkeit abverlangt, einen Sinn in sich trägt.

In dieser Situation bleibt nur ein Handeln möglich, das Spielräume für die Umsetzung friedenspolitischer Konzepte zu identifizieren und maximal zu nutzen sucht, die insbesondere gegen die fatale Logik konfrontativen Denkens mit seiner Tendenz wirken können, zu sich selbst erfüllenden Prophezeiungen zu führen und in neuer Gewalt zu enden. Indem diese Spielräume dadurch zugleich erweitert werden können, gelingt es im günstigen Fall, der politischen Realität Handlungsmöglichkeiten abzuringen, die auch in schweren Krisen einen Gewalt vermeidenden Ausweg offen lassen. Durch eine jahrzehntelange kollektive Anstrengung solcher Art konnte der Kalte Krieg zwischen Ost und West schließlich beendet werden, ohne dass ein einziger Schuss fiel. Das umsichtige Management während der Kuba-Krise 1962, an dem beide Seiten großen Anteil hatten, stellt in vielerlei Hinsicht ein Beispiel dafür dar, worauf es für eine solche Bearbeitung von Konflikten ankommt. Das Desiderat lautet dann, solches Wissen zu bergen, zu reflektieren und für gegenwärtiges Entscheiden und Handeln fruchtbar zu machen. Dies erfordert eine intellektuelle wie moralische Leistung, die es gegen die Dynamiken von Eskalationsprozessen zu erbringen und durchzuhalten gilt, ohne dabei die Grundlagen einer ethisch zustimmungsfähigen Friedensordnung zur Disposition zu stellen.

Die Skepsis, ob es gelingt, auf diese Weise die Zukunft der Menschheit zu sichern, kann (und sollte) davor bewahren, zu wenig wachsam gegenüber den Entwicklungen zu werden, die sie gefährden. Doch gerade diese Haltung reflektierter Skepsis bietet zugleich einen tragfähigen Grund für die Hoffnung, dass es auch künftig gelingen mag, „Wege in der Gefahr" (Weizsäcker 1976) zu suchen und die Herausforderungen zu bestehen, die sie bereithalten.

Literatur

Abalow, Alexander, Vladislav Inozemptsev und Ekaterina Kusnezowa. 2019. Das letzte Imperium. Russland ist dazu verdammt, eine revisionistische Macht zu sein. *Internationale Politik* 74 (1): 118–126.

Alvaredo, Facundo, Lucas Chancel, Thomas Piketty, Emmanuel Saez und Gabriel Zucman (Hrsg.). 2018. *Die weltweite Ungleichheit. Der World Inequality Report*. München.

Angenendt, Arnold. 2007. *Toleranz und Gewalt. Das Christentum zwischen Bibel und Schwert*. Münster: Aschendorff.

Angenendt, Arnold. 2018. *„Lasst beides wachsen bis zur Ernte…". Toleranz in der Geschichte des Christentums*. Münster: Aschendorff.

Arlacchi, Pino. 2000. *Ware Mensch. Der Skandal des modernen Sklavenhandels*. München: Piper.

Auchter, Jessica. 2019. Narrating Trauma: Individuals, Communities, Storytelling. *Millennium* 47 (2): 273–283.

Bales, Kevin und Dina Siegel. 2016. *Ethical Concerns in Research of Human Trafficking*. Cham: Springer International Publishing.

Barmet, Céline. 2018. Die UNO-Menschenrechtssäule auf wackeligem Grund. *CSS-Analysen zur Sicherheitspolitik* Nr. 228. ETH Zürich.

Booth, Ken. 2019. International Relations: The Story So Far. *International Relations* 33 (2): 358–390.

Brock, Lothar und Hendrik Simon. 2018. Die Selbstbehauptung und Selbstgefährdung des Friedens als Herrschaft des Rechts – eine endlose Karussellfahrt? *Politische Vierteljahresschrift* 59: 269–291.

Burke, Edmund. 1770. Thoughts on the Cause of the Present Discontents. *Select Works of Edmund Burke*, Bd. 1, hrsg. von Francis Canavan. Indianapolis, IND: Liberty Fund.

Chimni, B. S. 2015. Peace through law: lessons from 1914. *London Review of International Law* 3 (2): 245–265.

Chimni, B. S. 2017. *International Law and World Order. A Critique of Contemporary Approaches*. Cambridge: Cambridge University Press.

Cohen, Raphael S. und Andrew Radin. 2019. *Russia's Hostile Measures in Europe. Understanding the Threat*. Santa Monica, CAL: RAND Corporation.

Conze, Eckart. 2018. *Die große Illusion. Versailles 1919 und die Neuordnung der Welt*. München: Siedler.

Erskine, Toni und Richard Ned Lebow (Hrsg.). 2012. *Tragedy and International Relations*. New York: Palgrave Macmillan.

Fukuyama, Francis. 2019. *Identität. Wie der Verlust der Würde unsere Demokratie gefährdet*. Hamburg: Hoffmann und Campe.

Guterres, Antonio. 2019. „Ich bin wild entschlossen". *Süddeutsche Zeitung* 29./30. 5. 2019: 7.

Hoppe, Thomas. 2018. Erinnerung und Versöhnung vor dem Hintergrund belasteter Vergangenheit. *Theologisch-praktische Quartalsschrift* 166 (4): 356–365.

Ikenberry, G. John und Anne-Marie Slaughter (Hrsg.). 2006. *Forging a World of Liberty Under Law. U.S. National Security in the 21st Century. Final Report of the Princeton Project on National Security*. Princeton, N.J: Woodrow Wilson School of Public and International Affairs.

Kissinger, Henry. 2014. *World Order*. London: Penguin Press.

Kosmala, Beate und Claudia Schoppmann (Hrsg.). 2006. *Sie blieben unsichtbar. Zeugnisse aus den Jahren 1941 bis 1945*. Berlin: Forschungsstelle Stille Helden.

Kovats, Eszter und Katerina Smejkalova. 2019. Macht statt Moral. Der Rechtspopulismus in Osteuropa wird genährt durch die Arroganz des Westens und die wirtschaftliche Ausbeutung. *Internationale Politik und Gesellschaft* 26. 6. 2019. https://www.ipg-journal.de/regionen/europa/artikel/detail/macht-statt-moral-3554/. Zugegriffen: 3. Juli 2019.

Krell, Gert. 2019. Weltordnung oder Weltunordnung. Theoretische Leitperspektiven in den Internationalen Beziehungen. *Zeitschrift für Politik* 66 (1): 4–33.

Lebow, Richard Ned und Mervyn Frost. 2019. Ethical traps in international relations. *International Relations* 33 (1): 3–22.

Lustiger, Arno. 2011. *Rettungswiderstand. Über die Judenretter in Europa während der NS-Zeit*. 2. Aufl. Göttingen: Wallstein.

Margalit, Avishai. 1997. *Politik der Würde*. Berlin: Fest.

Mearsheimer, John J. 2001. *The Tragedy of Great Power Politics*. New York: Norton.

Mearsheimer, John J. 2019. Bound to Fail. The Rise and Fall of the Liberal International Order. *International Security* 43 (4): 7–50.

Metz, Johann Baptist. 1997. Im Pluralismus der Religions- und Kulturwelten. Anmerkungen zu einem theologisch-politischen Weltprogramm. In Metz, Johann Baptist. *Zum Begriff der neuen Politischen Theologie 1967–1997*, 197–206. Mainz: Grünewald.

Morris, Lyle J., Michael J. Mazarr, Jeffrey W. Hornung, Stephanie Pezard, Anika Binnendijk und Marta Kepe. 2019. *Gaining Competitive Advantage in the Gray Zone. Response Options for Coercive Aggression Below the Threshold of Major War.* Santa Monica, CAL: RAND Corporation.

Nardin, Terry. 2019. The international legal order 1919–2019. *International Relations* 33 (2): 157–171.

Phillips, Andrew. 2019. Global security hierarchies after 1919. *International Relations* 33 (2): 195–212.

Pogge, Thomas. 2015. Weltarmut und Menschenrechte. *Aus Politik und Zeitgeschichte* 65 (7-9): 48–53.

Popper, Karl Raimund. 1945 [1958]. *Die offene Gesellschaft und ihre Feinde.* Teil 2: *Falsche Propheten: Hegel, Marx und die Folgen.* München: Francke.

Radbruch, Gustav. 1946. Gesetzliches Unrecht und übergesetzliches Recht. *Süddeutsche Juristen-Zeitung* 1 (5): 105–108, wieder abgedruckt in: Hassemer, Winfried (Hrsg.). 1990. *Radbruch-Gesamtausgabe. Bd. 3. Rechtsphilosophie III,* 83–93. Heidelberg: C. F. Müller.

Schulze, Reinhard. 2018. Der Islam oder die Zumutung einer Zugehörigkeit. Merkur 72 (9): 33–47.

Steinmeier, Frank-Walter. 2014. Zit. nach: dpa-Bericht vom 13. 10. 2014. http://www.rp-.online.de/politik/deutschland/frank-walter-steinmeier-wird-keine-deutschen-bodentruppen-in-syrien-geben-aid-1.4591767. Zugegriffen: 29. Juli 2015.

Tönnies, Sibylle. 2006. Im Hintergrund der Debatte: Die Aporie des modernen Völkerrechts. *Die Friedens-Warte* 81 (2): 67–72.

Vandepeer, Charles. 2019. Self-Deception and the ‚Conspiracy of Optimism'. http://www.warontherocks.com/2019/01/self-deception-and-the-conspiracy-of-optimism. Zugegriffen: 31. Januar 2019.

Vereinte Nationen. 2005. Resolution 60/1.

Weidner, Stefan. 2018. *Jenseits des Westens. Für ein neues kosmopolitisches Denken.* München: Hanser.

Weizsäcker, Carl Friedrich von. 1976. *Wege in der Gefahr. Eine Studie über Wirtschaft, Gesellschaft und Kriegsverhütung.* München: Hanser.

Normkollisionen
Menschenrecht und Völkerrecht – eine Leges-Hierarchie?

Gertrud Brücher

1 Einleitung: Die Paradoxie des Rechtsfriedens

Immer drängender stellt sich die Frage: Kann im globalen Kontext und somit außerhalb konsolidierter Rechtsräume überhaupt von *Frieden sichernder Gewalt* gesprochen werden? Die Antwort lautet nur dann unumwunden: Ja, wenn ein idealtypisches Recht mit ‚dem Recht' gleichgesetzt wird. In der Realität aber treffen ganz unterschiedliche Rechtskulturen aufeinander (vgl. Mohr 2011), die allein aufgrund ihrer Pluralität und Vielfalt in eine konfliktreiche Beziehung zueinander geraten. Dies nimmt dort ‚tragische' Gestalt an, wo es um trans- oder internationale Streitfragen geht. Die normative Fundierung des Rechts gewinnt erst dort ihre herausragende Bedeutung, wo Geltungsansprüche außerhalb des gewaltmonopolistisch abgesicherten positiven Rechts erhoben werden. Im Falle der säkularen Rechtfertigung sind dies die Menschenrechte. Die ethisch-theologisch-rechtlich-politische Zwitterstellung einer Formel, die Wertrelativismus staatlicher Neutralität in Glaubens- und Weltanschauungsfragen, nicht theokratisch zu verstehen

Gottesvorbehalt der Verfassung, positivrechtliche Bedeutung und Zweckformel politischer Selbstdarstellung zu vereinen sucht, scheint innerhalb des Verfassungsrechts nur noch als *Ethos der Interpreten* informativ (Dreier 2018). Die religiöse Legitimation beruft sich hingegen unumwunden auf göttliches Recht.

„Frieden durch Recht", diese Devise des *Liberalen Friedens* gerät angesichts vielfach instrumentalisierter Menschenrechte (vgl. Ivanova 2016, S. 81f.; Peach 2013) in die Kritik.[1] Dass Recht keineswegs als Gegensatz zur Gewalt und somit als Garant des Friedens vorausgesetzt werden kann, erscheint als ein zentrales Problem. Wieder diskutiert wird die von Walter Benjamin (1965) aufgezeigte rechtsinhärente Logik: Gewalt ist nicht Gegenbegriff, sondern Konstituens des Rechts. Es gibt nur rechtmäßige und rechtswidrige Gewalt, aber keine Gewalt sui generis. Eine solche denken zu wollen, führt ins Gebiet theologischer Reflexion des Absoluten. Das Recht ist folglich ein *selbstimplikativer,* sich selbst voraussetzender Begriff: Jede Rechtsverweigerung muss ein höheres Recht in Anspruch nehmen. Wenn sich aber nicht alle auf das gleiche ‚Höhere' einigen, dann erscheint die Frieden stiftende Verrechtlichung der einen (*potentia*) in den Augen der anderen als Willkürgewalt (*violentia*). Die friedensethische Schlüsselfrage lautet, wie ist man bisher mit dieser Paradoxie umgegangen und welche Formen sind heute für unsere störanfällige international vernetzte Weltgesellschaft zeitgemäß?

---

1 Zum gerechten Frieden als Orientierungswissen der weiterzuentwickelnden EKD-Friedensdenkschrift von 2007 siehe Werkner und Schües (2018).

1.1 Leges-hierarchische Auflösung der Paradoxie des Rechts

Im vorneuzeitlichen Europa wird das Rechts-Paradox mittels interner Differenzierung und hierarchischer Anordnung von positivem Recht, Naturrecht und göttlichem Recht aufgelöst. Auch die heutige Zeit greift auf ein *leges-hierarchisches* Konstrukt mit der Frage nach dem Vorrang des Gewaltverbots der Charta der Vereinten Nationen (positives Recht) oder der Interventionserlaubnis im Namen der Menschenrechte (überpositives Recht) zurück. Welche Modalitäten des Umgangs mit dieser von Grund auf paradoxen Ausgangslage sind denkbar, in denen Menschenrechtsverletzungen nur um den Preis eigener Menschenrechtsvergehen zu verhindern sind? Wie sollen sich Wissenschaften und kritische Öffentlichkeit gegenüber solchen Einwänden verhalten?

Die brisanten Fragen der Legalität und Legitimität des Menschenrechtsinterventionismus stellen die Politik vor das Problem einer Entscheidung im Konflikt zwischen *Gewaltverbot und Schutzverantwortung*. Zeitnot und Handlungsdruck gehören zu den charakteristischen Merkmalen dieses Dilemmas, die es verwehren, auf andere Handlungsfelder, etwa die Prävention, auszuweichen. Inwieweit *lässt sich* etwa im Falle eines blockierten Sicherheitsrates ein ‚Recht zum Rechtsbruch' begründen, ein den besonderen Verhältnissen angemessenes *ius ad bellum*?

Hier wird gegenwärtig ein Rechtfertigungsnarrativ diskutiert, das den Rechtsbruch als Vorgriff auf einen Idealtypus oder auf einen idealtypischen Realismus in einen vollkommen neuen Interpretationsrahmen stellt. Erstere *ius ad bellum*-Position argumentiert im Anschluss an den viel beachteten Beitrag von Jürgen Habermas (2000), der den Kosovokrieg als Vorgriff auf eine Weltbürgerrechtsgesellschaft rechtfertigte (zur Diskussion siehe die Beiträge in Höffe 2018). Der zweite Ansatz berücksichtigt die im Idealtypus des liberalen Friedens verborgenen realen Gewaltverstrickungen und konzipiert ein so genanntes *selbstreflexives* Politikdesign. Das kritische „Moment der Willkür in (Völker-)Rechtsverhältnissen" (Brock und Simon 2018, S. 3) soll nicht länger tabuisiert, sondern zum Thema gemacht werden. Die militärisch durchzusetzende Verrechtlichung greift einem aporetischen Recht vor.

Wenn nun aber Recht und Gewalt einander nicht ausschließen und folglich *potestas* (legale und legitime Gewalt) und *violentia* (illegale und illegitime Gewalt) im globalen Kontext an Eindeutigkeit verlieren, was bedeutet dies für das Gewaltverbot der Vereinten Nationen? Zweifel artikulieren sich in einer Reihe von Fragen: Gibt es überhaupt jenen Unterschied zwischen willkürlicher Gewalt und Durchsetzung des Rechts auf internationaler Ebene? Oder erfordert das hohe Ziel der Verrechtlichung nicht genau jene Willkür eines „Rechtsvollzugs wider Willen" (Menke 2011, S. 92), die das Recht selbst in den Dienst einer mit dem Begriff „neues Recht" assoziierten höheren Weltfriedensordnung stellt? Und lässt sich das Skandalon der außerrechtlichen Tötung, der nicht vom Sicherheitsrat autorisierten Militärinterventionen durch Verbreiterung der Diskussionsbasis womöglich entschärfen? Könnte mit gutem Recht einem global geltenden Recht vorgegriffen werden, das ein mittels globalen Rechtsdiskursen erst noch hervorzubringendes positives Recht schon heute als Legitimationsgrundlage für Militärinterventionen beansprucht? Was aber geschieht mit globalen Akteuren, die bestimmte Diskurse erst ermöglichende Vorverständigungen nicht teilen? Und wo befinden sich nichtwestliche Rechtskulturen?

2 Das Paradox der Menschenrechte

2.1 Strittige Rechtsquelle

Aus rechts- und völkerrechtswissenschaftlicher Perspektive wird die Fundamentalpolitisierung des Rechts als Schlüssel für den Umgang mit der Paradoxie von willkürlicher und rechtssetzender Gewalt eher kritisch beurteilt. Von Grund auf unklar scheint der Beitrag zum Frieden im Falle eines Rechts, das sich nicht als Ausdruck einer gemeinsamen normativen Praxis versteht, sondern als gestaltungsmächtige Projektion einer politischen Partei, die ein Recht auf die vorgreifende Durchsetzung ihrer je eigenen Vorstellung idealer Vergesellschaftung beansprucht. Armin von Bogdandy zeigt dieses Problem am Beispiel der Europäisierung des Rechts und den politischen Funktionen des globalen Regierens, die internationale Gerichte erfüllen (vgl. von Bogdandy und Venzke 2014). Als Mittel der Wirklichkeitskonstruktion in den Händen einer Partei treibt ein so verstandenes Recht in „Regime-Kollisionen" (Fischer-Lescano und Teubner 2006).

Um nicht vorschnell Rechts- auf Machtfragen reduzieren zu müssen, wird das Rechtsparadox noch einmal genauer betrachtet: Wenn sich das Recht insofern immer nur auf Recht gründen kann, als jede Generation in Rechtsverhältnisse (normative Erwartungsstrukturen) hineingeboren wird, dann beziehen sich normative Rechtsstreitigkeiten gar nicht auf *das Recht*, sondern auf die *Rechtsquelle*. Und da das Recht zwar ohne Ursprung ist (Luhmann 1984, S. 11ff.), sich in seiner Verbindlichkeit aber durch den Verweis auf eine Rechtsquelle legitimiert, beruht der immer fragile, von innen her gefährdete Frieden auf einem Arrangement, das mit dieser Paradoxie leben lässt. Das *leges-hierarchische* Problemlösungsmodell des vormodernen Europas verliert an Glaubwürdigkeit und Verbindlichkeit im Zuge der Konfessionsspaltung, die dem göttlichen Recht (*lex divina*) als höchster, Natur- und positivem Recht vorgeordneter Norm, ihre Einheit und Eindeutigkeit nimmt. Wer sich jetzt noch in der Legitimation seines Handelns auf Gott (sein Gewissen) beruft, der sucht nicht Frieden, sondern Streit. Aus diesem Grund bemüht sich ein im Dreißigjährigen Krieg geschundenes Europa um eine neue einheitliche und darin Frieden stiftende Rechtsquelle und findet sie in der Natur des Menschen.

Im Zuge von Globalisierung und wachsender Bedeutung nichtwestlicher Akteure in Politik, Wirtschaft und internationaler Gerichtsbarkeit, verliert dieses Arrangement jedoch seine Tragfähigkeit als Instrument der Friedenssicherung. Und die Frage, ob von einer universalen oder bloß regionalen Reichweite der Menschenrechte gesprochen werden kann, wird immer kontroverser diskutiert. Kulturell andersgeartete Rechtsfundierungen lassen sich nicht länger ignorieren (Nolte und Schreiber 2004; Sandkühler 2011). Der weltgesellschaftliche Kontext verlangt nach einer neuen Formel, die mit dem Ursprungsparadox von Recht und Frieden umzugehen erlaubt. Eine auf überlegene Gewaltmittel gestützte, mit zivil-militärischen Mitteln vorangetriebene, internationale Verrechtlichung diskreditiert hingegen das Projekt des *Liberalen Friedens* und begünstigt Terrorismus und Staatszerfall (vgl. Walt 2018).

Es geht mithin darum, für das Rechts- im Sinne eines Ursprungsparadoxes eine zeitgemäße Formel zu finden, die ohne koloniales Kolorit auskommt. Da es *den* Menschen nicht gibt, sondern nur über sieben Milliarden Menschen und da es infolgedessen einer idealtypischen Repräsentanz bedurfte, um denselben als Rechtsquelle anführen zu können, blieb als Lösung immer nur der Ausscheidungskampf. Kampf und Gewalt aber haben sich in einer störanfälligen, durch elektronische Netzwerkstrukturen voneinander abhängigen Weltgesellschaft als theoretisch fundiertes rationales Mittel der Friedenssicherung überholt.

2.2 Zur Marginalisierung der Rechtsquelle durch Skandalisierungen

Genau betrachtet, hat sich die globale Kommunikation längst auf das Faktum konkurrierender Rechtsquellen – Gott oder Mensch – eingestellt, ohne der Allgemeinen Erklärung der Menschenrechte abzuschwören und somit völkerrechtsbrüchig zu werden. Denn den UN-Zivilpakt haben immerhin 167 Staaten unterzeichnet und den UN-Sozialpakt, mit Ausnahme der USA, 160 Staaten. Die globale Massenkommunikation reagiert auf öffentliche Empörungen gegen empfundenes Unrecht und errechnet aus Skandalisierungen gewissermaßen retrospektiv Rechte, die dem Menschen als Menschen zukommen. Diese offensichtliche Paradoxie von Menschenrechten, die man erst an deren Verletzung erkennt, ist nach Luhmann (1995, S. 232f.) allerdings kein Argument gegen Geltungsansprüche, denn die modernen, im westlich-abendländischen Kulturraum entwickelten Menschenrechte waren nicht besser begründet. Als Rechte, die sich aus dem Natur- in den Zivilzustand hinübergerettet haben, *sind* Menschenrechte Natur und Kultur. Positives Recht ist zwar von Menschen gemacht und darum veränderlich, aber es erhält zugleich Rückendeckung und Orientierung durch vorpositive Rechte. Diese Formen der *Entparadoxierung* sind das Markenzeichen der subjektphilosophischen Tradition, die vom Vertrauen in moralisch-technische Fortschritte auf dem Weg zur Überwindung des Unvollkommenen beseelt ist.

Was geschieht jedoch in einer Zeit, die durch Erfahrungen mit den negativen Seiten dieses Fortschritts, durch die Antizipation einer ökologischen, atomaren und gentechnologischen Selbstgefährdung der Gattung ernüchtert, der Selbstermächtigung des Menschen als Quelle des Rechts nicht mehr unumwunden positiv gegenübersteht? Signum dieses Zweifels an der Gestaltungsmacht ist die zunehmende Aufmerksamkeit, die den Problemen der Selbstorganisation lernender computerisierter Killerdrohnen gezollt wird.

So lange *normal science* funktioniert und das bedeutet, so lange gewaltmonopolistisch gesicherte Rechtsräume an normativen Erwartungen festhalten lassen, bleiben rechtsfundierende Widersprüche unbemerkt (vgl. Luhmann 1995, S. 229). Erst in Krisenzeiten, wie sie heute durch die Konkurrenz von nationalem und transnationalen Recht und in der Konfrontation unterschiedlicher Rechtskulturen empfunden werden, reicht der Verweis auf geltendes Recht nicht mehr aus. Kodifizierte Völkerrechtsnormen wie die UN-Charta verlieren vor dem Hintergrund unterschiedlicher Auslegungspraxen mehr und mehr an Eindeutigkeit.

2.3 Zur Rechts-Konkurrenz von Menschen und Staaten

Die waffentechnisch überlegenen Staaten sehen in Unübersichtlichkeit und Unkalkulierbarkeit eine Chance, durch eine einseitige Neubestimmung des Völkerrechtssubjekts das Gleichheitsprinzip des Völkerrechts als einer Rechtsordnung souveräner Staaten zu umgehen, indem unterschieden wird zwischen souveränen anständigen und ihrer Souveränität entkleideten Schurkenstaaten (vgl. Rawls 2002). Dies lenkt den Blick auf Erblasten eines Konstrukts, das als Gemeinschaft *zivilisierter* und *kultivierter* Staaten ein Rechtfertigungsnarrativ der Selbstermächtigung für den Export des eigenen Normverständnisses mit allen Mitteln bereitstellte. So weist Marc Pauka (2012) darauf hin, dass der Aufstieg der Völkerrechtswissenschaft zum paternalistischen Mandatssystem als Zeichen der Re-politisierung einer vom Positivismus geprägten Jurisprudenz damals und auch heute wieder in der Versuchung stehe, Interventionismus und *regime change* zu billigen.

Das Gleichheitsprinzip ist jedoch kein gesetzter moralischer Wert, sondern ein logischer Effekt der moralischen als *symmetrischer Kommunikation*. Moralische Postulate gelten notwendig für beide Seiten: „ob ‚Imperativ' oder nicht und ob ‚kategorisch' oder nicht: Die Selbstbindung ist eine Implikation des Sinnes moralischer Kommunikation" (Luhmann 2008, S. 277). Denn ich verliere Glaubwürdigkeit und Respekt, wenn ich mich nicht selbst an die anderen auferlegten Ge- und Verbote halte. Die hierarchisch strukturierte vormoderne Ordnung löste dieses Problem mit Hilfe der Unterscheidung zwischen Ungleichheit honorierender *Ständemoral* und Gleichheit postulierender *Religionsmoral*. Der Selbstbindung wurde in diesem gesplitteten Moralverständnis durch die Überlegenheit der Religionsmoral Genüge getan. Das moderne Verständnis der ‚einen' Moral muss hingegen das Spannungsverhältnis von Gleichheit und Ungleichheit aushalten und in sich, mittels permanentem *Kampf um Gleichheit* – der Individuen, der Gruppen, der Staaten, der Kulturen –, aufheben.

In einer nicht mehr in Stände, sondern in Funktionssysteme unterteilten Weltgesellschaft werden auf Macht beruhende Rechtsregelungen als ungerecht empfunden. Denn hier fehlt eine das Ganze repräsentierende Spitze. An die Stelle des wirkungslosen Insistierens auf den Standards einer bestimmten Rechtskultur tritt die empirisch nachweisbare Wirksamkeit globaler Skandalisierungen von Menschenrechtsverletzungen. Diese dritte Form der *Entparadoxierung* ähnelt nach Luhmann (1995, S. 234) der ursprünglichen, in *tribalen* Gesellschaften zu beobachtenden Art der Normgenese. Die schnelle Aburteilung von politisch repräsentativen Menschenrechtsverbrechern soll der Welt signalisieren, dass sich Verstöße nicht lohnen. In diesem Sinne ermittelte 1993 der Internationale Strafgerichtshof Verbrechen im ehemaligen Jugoslawien (ICTY), in Ruanda (ICTR) 2012, in Tansania 1994. Das Rote-Khmer-Tribunal tagte 2003 und ein Sondertribunal für den Libanon 2005. Da in Idee und Praxis ein globaler Prozess der Anklage und Verurteilung erst dort vorgesehen ist, wo Staaten nicht in der Lage oder nicht willens sind, selbst tätig zu werden, fungiert der Rechtsstaat als funktionales Äquivalent der Menschenrechte. Ähnlich hatte Immanuel Kant (1977 [1796]) im Traktat „Zum ewigen Frieden" eine internationale Friedensordnung von einem Verbund „republikanischer", das heißt rechtsstaatlich geordneter und mithin die Rechte der Individuen achtender Staaten abhängig gemacht.

2.4 Anspruchsrechte versus Abwehrrechte

Diese Konzentration auf die gleichen Rechte der Individuen als das Kernelement einer internationalen Friedensordnung scheint der Dreh- und Angelpunkt eines Ansatzes, der in allen Funktionssystemen zur stärkeren Personalisierung der Adressaten geführt hat, sei es der Opfer oder der Täter. Sie korrespondiert der ökonomischen Konzentration auf individualisierte Käuferprofile, die zur differenzierten Bedürfnisweckung und -befriedigung, aber auch zu deren exponentiellen Steigerung befähigen. Im globalen Raum explodieren Angebot und Nachfrage in einer auf Mimesis-Strukturen beruhenden Kommunikation. Allerdings ist dies durchaus zweischneidig, denn das Markt-Individuum sieht sich konstitutiv bedürftig und benachteiligt. Das objektive Moment der „subjektiven Rechte" sieht Menke (2018) folglich in Identitätszuschreibungen, die Einzelne und Gruppen in einer Opferrolle festhalten und entgegen den Gleichheitsforderungen Ungleichheit zementieren.

Der Menschenrechtsdiskurs ist in seinem anspruchsrechtlichen Profil durchaus ein Teil dieser auf den *homo oeconomicus* ausgerichteten Grundverfassung, die sich zunehmend auf das Recht konzentriert, in einer bestimmten Gesellschaftsordnung zu leben. Dabei findet sich dieses *Bestimmte* in einer kulturell ausdifferenzierten Form je individueller glaubensgemeinschaftlich realisierter Lebensweisen, wie sie in Antizipation der kommenden Weltgesellschaft beschrieben wird. Bedürfnisartikulation vollzieht sich nach Olivier Roy (2010) in der modernen Gesellschaft als Glaubenskundgebung, deren Produktions- und Konsumptions-Zyklen analog den Warenströmen marktgesteuert funktionieren. Durch Massenmigration kommt es zur Globalisierung politisierten Glaubens als Folge kultureller Entwurzelung.

In Bezug auf die USA mögen Hoffnungen auf eine wechselseitig neutralisierende Wirkung sich vervielfältigender *Glaubensgemeinschaften* gerechtfertigt sein. Während der nationalstaatliche Rahmen allein dadurch mäßigend wirken kann, dass die immer zahlreicheren Opfer von Benachteiligungen über Klagemöglichkeiten vor amerikanischen Gerichten verfügen, bleibt dies im Weltmaßstab versagt. Eine sanktionsfähige internationale Gerichtsbarkeit könnte Abhilfe schaffen. Wie aber soll ein solcher Prozess angesichts des politischen Drucks vonstattengehen, unter dem die Anklagepraxis vor Menschenrechtstribunalen operiert? Diese wird inzwischen von einem Großteil der Weltbevölkerung als ungerecht, mehr noch als Fortsetzung imperialer Politik mit den Mitteln des Völkerrechts betrachtet. So wird kritisiert, dass die ökonomisch-waffentechnische Macht eines um den US-amerikanischen Hegemon herum gruppierten weltpolitischen Systems dafür sorgt, dass sich nur Täter aus politisch geschwächten Ländern verantworten müssen und das Jugoslawien-Tribunal (ICTY) es abgelehnt hat, auch wegen möglicher NATO-Verbrechen im Jugoslawienkrieg anzuklagen. Hoffnungen, diesen Zirkel des Rechts zu durchbrechen und ein Weltrecht durch „Herbeireden" zu instituieren, richten sich heute auf das weltweite Engagement von NGOs (Fischer-Lescano 2005).

Wenn es bei den weltweiten, durch transnationale Menschenrechtsorganisationen qua *Privatregimes* (Teubner 2000) initiierten und von den Massenmedien aufgegriffenen Skandalisierungen von Menschenrechtsverstößen durchaus um mehr geht als um Massenproteste gegen Folterungen, gegen politisch motivierte Inhaftierungen oder gegen politische Praktiken des ‚Verschwindenlassens' von Personen, dann müssen Menschenrechtsfragen sehr viel stärker den kulturellen Kontext miteinbeziehen. Denn der Akzent liegt heute auf der anspruchsrechtlichen und dem Zurückdrängen der abwehrrechtlichen Interpretation der Menschenrechte.

Mit der Betonung von Bedürfnissen und Ansprüchen kommt es zunehmend zu Verstößen gegen die Menschenwürde: Als Recht auf ein bestimmtes Leben verdrängen die Menschenrechte das Recht auf Leben und körperliche Unversehrtheit. Dieser Fokus lässt in der globalen Konfrontation von Rechtskulturen die Begründungsnot derjenigen Akteure vor aller Augen treten, die ein Recht zum *Machen* rechtskonstituierender Unterschiede für sich in Anspruch nehmen. Damit stellt sich die Frage, wer in einer extrem störanfälligen und hochgerüsteten Welt empirisch in der Lage und normativ befugt sein könnte, den Akteuren in der internationalen Politik vorzuschreiben, wie sie sich zu verhalten haben (vgl. Daase und Deitelhoff 2015). Militärischer Interventionismus und Internationaler Terrorismus demonstrieren die Dramatik eines überbordenden, wild gewordenen Rechtsanspruchs auf das *Machen* des Rechts im Sinne reklamierten Rechts auf rechtssetzende Gewalt. Jede Rechtsgemeinschaft kann jeweils eigene Gründe für diesen Anspruch geltend machen.

Immer aggressiver und unnachgiebiger prallen die Forderungskataloge der reichen und der ärmeren Populationen aufeinander. Der hochindustrialisierte Westen besteht im Konfliktfall auf seinem mit zivil-militärischen Mitteln durchzusetzenden Recht auf weltweite Ressourcennutzung, auf globale Absatzmärkte, sichere

Transitwege und billige Arbeitskräfte. Die terminologische Umstellung vom bedrohten Frieden zur bedrohten Sicherheit hat den Verteidigungsfall politisch flexibilisiert. Nach Schmidt-Radefeldt (2018, S. 92) ist dies in der Sinnvariabilität und Konturlosigkeit des in Art. 87a Abs. 2 Grundgesetz (GG) nicht auf einen klaren Aufgabenbereich festgelegten Begriffs der „Verteidigung" angelegt. Der ärmere Teil der Weltgesellschaft seinerseits insistiert auf der Einlösung gleichen Rechts auf einen Lebensstandard, wie er in den entwickelten Wohlstandsgesellschaften selbstverständlich ist.

Während das bei Kant gemeinte unbedingte Menschenrecht auf Freiheit der stets prekären Unterscheidung zwischen Lebensnotwendigem und Luxus einen klaren Anhaltspunkt liefert, indem er allen die Pflicht auferlegt, jede Operation des Setzens und Verschiebens der Grenze innerhalb geltenden Rechts vorzunehmen, kann das neue Verständnis der Freiheit als Bedürfnis unter anderen Bedürfnissen diesen engen Operationsrahmen nicht mehr akzeptieren. Es drängt zu rechtssprengenden Projekten des *peace enforcement*, und zwar nicht als *Machen des Friedens* mit friedlichen Mitteln (Galtung 1998), sondern als paradoxiebewusste (reflexive) Verrechtlichung wider Willen.

3 Friedenstaugliche Lösungen des Rechts-Paradoxes

3.1 Zum Umgang mit Normkonflikten: das Gewissen

Wie sollen die Konturen einer *reflexiven Verrechtlichung* als zeitgemäße Lesart des ‚Friedens durch Recht' aussehen? Die Antwort auf diese Frage verweist erneut auf Kants Friedensschrift als Gegenmodell zum unbegrenzten Recht auf Krieg, das der Fürst des aufgeklärten Absolutismus für sich in Anspruch nimmt. Statt die Emanzipation aus der gesamtgesellschaftlichen Moral voranzutreiben, soll der Souverän sich selbst als ein der Rechtskaskade von Menschenrecht, Bürgerrecht, Staatsrecht, Völkerrecht und Weltbürgerrecht unterworfener Teil begreifen.

Damit wiederholen sich aber jene Probleme, die auch die religionsmoralische Leges-Hierarchie beschäftigt hatte: Denn wenn die Unterscheidung von Rechtsebenen im Prinzip auch zur Selbstbegrenzung des Rechts beigetragen haben mochte, und das heißt, dem Herrscher Schranken seiner Willkürmacht auferlegte, so konnte doch die Leges-Hierarchie noch nicht darüber Auskunft geben, wie mit der Ebenendifferenz in der Praxis umgegangen werden soll. Das bedeutet, nicht nur bezüglich der Bewertung des Verhaltens anderer, sondern zunächst für sich selbst und die eigenen Entscheidungen in der Lage zu sein, zwischen den einzelnen Rechtsebenen zu unterscheiden. Wann weiß ich genau, ob ich als ein von Ansehen und Respekt anderer Menschen nicht unabhängiges Kulturwesen eben genau diese Güter unbedingt benötige, von denen mein Selbstverständnis und Selbstbild abhängig zu sein scheinen (*lex naturalis*)? Oder noch deutlicher: welche Instanz gibt darüber Auskunft, ob der durch meine Hand zu Tode gebrachte Mensch ein Opfer meiner Feindprojektion war oder ein Kollateralschaden strategisch-taktischer Operationen im Namen Gottes (lex aeterna) – heute der Menschenrechte?

Gerade dieses letzte Beispiel führt in modernisierter Formulierung zum Kern der Aktualität dieser Fragestellung. Denn es zeigt nicht nur die Konfusion der Rechtsebenen innerhalb der Leges-Hierarchie, sondern weist zusätzlich auf ein Problem, das Kant dazu bewogen hat, in seinem Lösungsansatz nicht wieder auf die religionsmoralische Tradition zurückzugreifen. Letztere hatte für den Fall von Dilemmata, in denen positives mit Naturrecht und/ oder mit göttlichem Recht kollidiert, eine Befragung des Gewissens vorgesehen. Dies beschneidet die Gemeinschaft in ihrer Urteilsfähigkeit. Genau dies hatte die christliche Religionsmoral als eine Gegenkultur intendiert, die mit der Vergangenheitsbewältigung altrömischer Praktiken der Identifizierung und Behandlung von Feinden beschäftigt war.

Die konfessionell gespaltene moderne Gesellschaft bringt umgekehrt die Gesellschaft in Stellung gegen die eine, im individuellen Gewissen gespiegelte Religion. So vermag das mit den missions- und konfessionskriegerischen Entgleisungen des Christentums befasste achtzehnte Jahrhundert das vielfach instrumentalisierte und weidlich diskreditierte Instrument des Gewissens nicht länger als Entscheidungsinstanz in Dilemmasituationen vorauszusetzen. Denn auf sein Gewissen beruft sich jetzt nicht nur, wer zwischen einander widersprechenden Normen entscheiden muss, sondern auch, wer als Mitglied einer bestimmten Konfession eigenes und fremdes Verhalten in einer bestimmten Weise bewertet.

Die politische Semantik des Gewissens löst sich von philosophisch- und theologisch-ethischen Reflexionen und betont das Streitbare der Gewissens-Instanz gegenüber der allzu kompromissbereiten Fixierung auf den Friedenserhalt. In der Gegenüberstellung der Rechtsempfehlung des Thomas von Aquin und Luthers findet die Politisierung des Gewissens einen Rückhalt: Im ersten Fall verlangt die unterschiedliche Rechtsbindung von der Ehefrau – weil dem Wohl ihrer Familie verpflichtet – ihren straffälligen Mann vor der Polizei zu verstecken (Naturrecht); die Polizei ist hingegen dem Wohl des Staates und folglich zu gnadenloser Verfolgung und Festsetzung (positives Recht) verpflichtet. Die Frau sucht den Frieden der Familie, die Polizei den Frieden des Gemeinwesens zu erhalten. Mit diesem Beispiel zeichnet Thomas von Aquin in seiner „Summa theologica" die Konturen sittlicher Normen (vgl. Spaemann 1999), die im Ansatz eine Schwächung des Staates bedeuten. Im neuzeitlichen durch Luther repräsentierten Friedens- und

Rechtsdenken ist der Normkonflikt für alle Seiten zu Gunsten der Obrigkeit vorentschieden, da für alle gilt, dass dem Kaiser zu geben ist, was des Kaisers ist (Luther-Bibel 1912, Lk 20,25). Dilemma- im Sinne von Gewissensentscheidungen dürfen den konfessionellen Interpretationsrahmen, innerhalb dessen Urteile zu fällen sind, nicht ignorieren. Auch säkulare Legitimitätsmodelle werden die Paradoxie des normgerechten Umgangs mit Normkollisionen auf diese Weise auflösen, wobei der konfessionsgebunden-kulturell-nationale Kontext durch den säkularen und multikulturellen Kontext ergänzt worden ist.

Um zu verstehen, was sich im Anschluss an den Autoritätsverlust von Kirche und Religion mit der neuen gesellschaftspolitischen Rolle verändert, die das Gewissen im Konzert der Problemlösungsinstrumente spielt, muss man sich dessen logische Funktion vergegenwärtigen. Der religionsmoralische Entwurf sieht im Gewissen einen Seismographen für Normkollisionen und zugleich einen Wegweiser für den situationsbezogenen Wechsel von Referenzen: Wenn auch im Alltag nicht gelogen werden darf, so gilt dies nicht im Falle der Lebensgefahr. Die mit solchen Problemen befasste mehrwertige Logik Gotthard Günthers bezeichnet diese Funktion des Wechsels von *Kontexturen* als *transjunktionale Operation*. Bekannt geworden ist der Begriff durch Luhmann (2008, S. 185): Da die moderne Gesellschaft ein polykontextuelles System sei, müsse sie „eine Ebene für transjunktionale Operationen bereithalten, auf der entschieden werden kann, ob ein bestimmter Code, zum Beispiel der von Recht und Unrecht, angewandt oder nicht angewandt werden soll." Im Gegensatz zum *Kontext* (Standpunkt im Rahmen einer zweiwertigen Unterscheidung) meint *Kontextur* den zweiwertigen Strukturbereich, der in Verhältnis zu anderen Strukturbereichen tritt (vgl. Bierter 2018, S. 169f.).

Nachdem die im individuellen Gewissen gespiegelte Religionsmoral eine gespaltene, konfliktbereit streitbare geworden ist, übernehmen neue Einheitsbegriffe die gesellschaftliche Funktion einer Entscheidungsinstanz in Dilemma-Situationen. *Moral sentiments* und *rational choice*, die die politische Moral des Utilitarismus anbieten, beziehen ihre Argumente nicht mehr aus der Religion, sondern aus der Wissenschaft. Die gesellschaftspolitische Semantik des Gewissens löst sich auf diese Weise von der philosophisch- und theologisch-ethischen Reflexion moralisch einwandfreien Sollens.

3.2 Zum Umgang mit Normkonflikten: der kategorische Imperativ

Kant erkennt die friedensgefährdenden Begleiterscheinungen einer politisierten Moral, die meint, Normkollisionen durch zugleich vernünftige und gefühlsmäßig intuitive Entscheidungen vermeiden zu können. Von der Unersetzbarkeit einer Formel für den Umgang mit Normkonflikten überzeugt, sucht er nach einem säkularen Äquivalent des Gewissens. Dabei bleibt auch er auf den kulturellen Referenzrahmen angewiesen, den seine Zeit als zukunftsfähig betrachtet und dies ist nicht die religiöse, sondern die wissenschaftliche und die juristische Sphäre. Der *kategorische Imperativ* wird als ein von der Logik oktroyiertes Gesetz formuliert, dessen Missachtung nach Kant den Menschen deshalb schadet, weil es für die Entscheidung von Normkonflikten nur noch die stets mit guten Gründen bemäntelte Willkür bereithält.

Seit dem neukantianischen, noch stärker dem wissenschaftlichen Fortschritt vertrauenden neunzehnten Jahrhundert wird der kategorische Imperativ nicht länger als *Normenprüfungssatz* verstanden, der Kriterien zur Kontrolle des Handelns zur Verfügung stellt. Vielmehr gilt es jetzt, mit seiner Hilfe Entscheidungen zu legitimieren. Als *Normenbegründungssatz* wird er in seiner Kontrollfunktion wertlos. Er dient als Bestandteil eines materialen Bestands an Werten zur Ermittlung eines höheren Zwecks und eines allgemein verbindlichen Wertekanons. Im Marburger Neukantianismus kommt es zur sinnverkehrenden Deutung des kategorischen Imperativs als substanzieller Zweck: Mit der Umformulierung: „Handle so, daß die Maxime deines Willens niemals (wenigstens niemals restlos zugleich) Prinzip einer allgemeinen Gesetzgebung sein können", betonen Nikolai Hartmann und Max Scheler die Persönlichkeitswerte (vgl. Müller 1994, S. 349). Bei Heinrich Rickert wird dadurch der Übergang von Wertethik in rechtskonstituierende Wertepolitik vorbereitet (vgl. Fulda 2006).

Das Versprechen einer dennoch unverändert am kantischen Rechtspazifismus orientierten Moderne lautet seither: Wenn mit allen erforderlichen Maßnahmen das Ziel einer globalen Rechtsordnung verfolgt wird, wenn alle Menschen das Recht auf Freiheit achten, dann ist die Weltgesellschaft auf eine Weise geordnet, in der Normkonflikte nicht mehr auftreten. Die Friedensdividende fortschreitender Verrechtlichung ist indes bis heute ausgeblieben und das Janusköpfige des Rechts als Instrument der Sicherung und Gefährdung des Friedens schiebt sich als Problem ersten Ranges in den Vordergrund.

Es ist die Widersprüchlichkeit der Menschenrechtspraxis, die die Friedensethik auf die Notwendigkeit der gemeinsamen Arbeit an einer *transjunktionalen Operation* – einer globalisierungstauglichen Form des Umgangs mit Normkonflikten – hinweist. Es geht dabei, wie Kant bezüglich des *kategorischen Imperativs* betont, nicht um eine neue und womöglich übergeordnete Norm, die sich nur wieder dieselben Probleme der Interpretation und weltweiten Implementierung einhandeln würde. Vielmehr geht es allein um eine sozial, und das bedeutet heute, die globale Massenkommunikation strukturierende Erwartungsmodalität, kulturbezogene Sinnkontexte und Bewertungssysteme zu wechseln.

3.3 Funktionen der Leges-Hierarchie: Kontrolle oder Legitimation

Praxisbezogene Fragen dieser Art lassen sich erst vor dem Hintergrund der Bedeutung beantworten, die *Normenprüfung* und *Normenbegründung* im leges-hierarchischen Gesamtkonstrukt zukommt. Wir hatten gesagt, dass Recht als ein sich selbst voraussetzendes ‚selbstbezügliches' Phänomen einer solchen internen Differenzierung von Rechtsebenen bedarf. Die hier entstehende Hierarchie aber kennt zwei Lesarten, die miteinander konkurrieren und die niemals in Reinform die politisch-gesellschaftliche Wirklichkeit bestimmen. Die eine nutzt die Differenz der Rechtsebenen zur *Kontrolle*, die andere zur *Legitimation* von Macht. Für die Friedenssicherungsfunktion ist entscheidend, dass die kontrollhierarchischen Elemente im Zentrum stehen. Zwar können auch in diesem Fall Menschen prinzipiell alles zum Recht erklären – kein Gott greift ein –, dies aber nur unter Beachtung der vorgefundenen und darin ‚natürlichen' Rechte alles Kreatürlichen. Bezüglich der erneut auftretenden Unsicherheit, was verfügbar und was unverfügbar ist, bedarf es wieder einer höheren Reflexionsebene, die die Vorläufigkeit aller Lösungen in Erinnerung ruft. Im Falle der kontrollhierarchischen Auslegung hat die jeweils höhere Rechtsebene mithin nur die Funktion, die Menschen an das Faktum der Selbstimplikation des Rechts, an das Rechtsparadox, zu erinnern.

Ganz anders liefert die legitimationshierarchische Auslegung der jeweils übergeordneten Rechtsebene die Argumente, weshalb die untergeordnete Ebene als rechtlos behandelt und für je besondere Zwecke instrumentalisiert werden darf. Ein solches Recht wird mit Usurpation und Willkürgewalt gleichgesetzt. Kant sucht folglich nach zeitgemäß säkularen Konditionen rechtstechnischer Art, die zwischen rechtloser und rechtmäßiger Herrschaft unterscheiden lassen. Sofern nun aber die *Logik* der Leges-Hierarchie für den Frieden entscheidend sein sollte und nicht die *Materialität* der Rechtsquelle (Gott, Staat, Mensch), muss die Geschichte der europäischen Neuzeit nicht verabsolutiert und allen nicht-abendländischen Kulturgemeinschaften das Joch der nachholenden Entwicklung auferlegt werden. Alles kommt mithin darauf an, eine Motivation zur kontrollhierarchischen Auslegung und gegen die legitimationshierarchische Lösung zu begründen. Und dies zu leisten ist Sache der Ethik im Allgemeinen und der Friedensethik im Besonderen. Denn weder Regierungsform noch Rechtsquelle bestimmen die Art der Auslegung.

In diesem Feld gewinnt der Gegensatz von Normenprüfung und Normenbegründung, von Formel und Norm, seine eminente Bedeutung. Der kategorische Imperativ ist eine reine Prüfinstanz und nicht höhere, das Handeln legitimierende Norm. Denn was benötigt wird, ist eine Anleitung für den friedensdienlichen Wechsel von *Kontexturen* im Allgemeinen und von Rechtsebenen im Besondern. Eine solche Anleitung denkt Kant nach dem Vorbild der Mathematik als *Formel*.

Der bei Kant hervorgehobene Unterschied zwischen einer *Regel* oder *Norm* und einer *Formel* im Sinne eines Kalküls betrifft die Moral in Bezug auf praktische Konsequenzen der verwendeten Unterscheidungen. Im Falle der Regel orientiert sich der Handelnde am Regel-Ausnahme-Schema. Es sind die Ausnahmen, die *Regeln* ins Profil setzen und allererst in konkretes Handeln überführen lassen. Der Handelnde ist in der Handhabung dieser Zweiseitenform prinzipiell frei; er kann für sich selbst eine Ausnahme in Anspruch nehmen. Eine Formel definiert sich hingegen durch ein Verhältnis zum widerspruchsfreien Schlussfolgern. Das Kriterium des *kategorischen Imperativs* ist folglich die Widerspruchsfreiheit: Im Verfahren der Normenprüfung lässt sich beispielsweise Stehlen nicht als moralisch, sondern nur als logisch verwerflich aufzeigen: Wenn ich die Maxime verträte, Eigentum durch Stehlen zu erlangen, so ist diese in sich widersprüchlich, denn ich verliere das Eigentum wieder durch den Anspruch eines Anderen.

Anders als die Norm oder Regel, der ich mich durch Berufung auf eine Ausnahme entziehen kann, unterscheidet die *Formel* nur zwischen konsistenten und widersprüchlichen Maximen. Ob Normen nur bedingt oder unbedingt gelten, entscheidet sich erst im Normenprüfverfahren. Je nach Situation zu wählende und also bloß bedingt geltende *hypothetische Imperative* sind nahegelegt, wenn es um das Erreichen eines Ziels geht: Wenn du x willst, dann tue y. In diesem Fall ist Geschicklichkeit handlungsleitende Regel. Im Gegensatz zu solchen nur bedingt allgemeingültigen, als Mittel zu einem Zweck relevanten Imperativen des Nützlichen und Klugen, gibt es unbedingt geltende allgemeingültige *kategorische Imperative,* bei denen die Maxime unbedingt widerspruchsfrei gedacht sein muss. Wohlgemerkt ist dieses Müssen nicht als gesteigertes apodiktisches Sollen zu verstehen, sondern als Bedingung möglichen Wirkens.

Mit einem solchen Fall bekommen wir es zu tun, wenn nicht nur über Zweckmäßiges, sondern über moralisch Einwandfreies kommuniziert wird. Damit setzt sich der Mensch in seinem Handeln der Selbst- und Fremdbewertung aus. Nicht länger für die gute und gegen die schlechte Sache kann sich der Mensch (Einzelner und Kollektiv) entscheiden, wenn die Maxime (Nichttöten – Schützen wie etwa im Falle der *Humanitären Intervention*) widersprüchlich ist. Diese hebt sich selbst in ihrer normativen Geltung auf. Die Frage lautet: Wie entscheidet man Unentscheidbares? Gibt es nur diesen einen Ausweg, die moralische durch eine Machtbeziehung zu ersetzen und die eigenen Entscheidungen als Ausnahme zu deklarieren? An die Stelle der schwachen in Loyalitätskonflikten befangenen moralischen Entscheidungsinstanz des Gewissens tritt ein weniger anfechtbares logisches Prüfverfahren.

3.4 Zur Suche nach einer zeitgemäßen Formel für den Umgang mit Normkollisionen

Internationaler Terrorismus und das Erstarken des *Globalen Südens* sind zusammen mit den Herausforderungen einer elektronisch vernetzten Weltgesellschaft Realitäten, die die Notwendigkeit vor Augen führen, nach Ansätzen zu globalisierungstauglichen Formvorgaben für einen zeitgemäßen *transjunktionalen Imperativ* zu suchen. Neben den globalen Institutionen und Menschenrechtskonventionen gilt es folglich, einer zweiten Funktionsebene Beachtung zu schenken, die dem Wechsel von *Kontexturen* eine erwartbare Form gibt und nicht der Willkür des Entscheiders anheimstellt. Kontext ist jetzt alles, was zuvor als mit sich Identisches verstanden worden war. Das hat seinen guten Grund, da es schlechterdings nicht möglich ist zu wissen, ob das indische, das türkische, das arabische oder amerikanische Konferenzmitglied unter dem Verbot der Diskriminierung oder der Folter, unter Freiheit, Gleichheit und Solidarität dasselbe versteht wie ein deutsches Mitglied. Im Zeitalter von elektronischen Medien und Massenkommunikation wird darüber hinaus jeder Nutzer relevant. Wenn ein ethisches Theorem der *Reziprozität*, des Prinzips der Gegenseitigkeit, eine prinzipiell unbegrenzte Fähigkeit zur Übernahme der fremden Perspektive unterstellt und folglich mit Sozialisations- und Sanktionsprogrammen auszukommen meint, so führt allein die Adressierung von über sieben Milliarden Menschen das Illusorische dieses Ansatzes vor Augen.

Es bedarf mithin einer *Ethikformel*, die von Inhalten abstrahiert und aus diesem Grund von allen Kulturgemeinschaften akzeptiert werden kann (zum Folgenden siehe ausführlich Brücher 2017, S. 135ff.). Die *Naturformel* des kategorischen Imperativs treibt die Abstraktion ins Extrem, indem sie nur sachbezogenes faktisches *Müssen* anspricht: „Handle so, als ob die Maxime deiner Handlung durch deinen Willen zum allgemeinen Naturgesetz würde!" (Kant 1907 [1785], S. 52). Nicht mehr die Natur steht in der heutigen Welt für dieses Müssen, sondern die Globalisierung, die alle Grenzen sprengt. In zeitgemäßer Formulierung erscheint die Naturformel als *Grenzformel*. Diese fordert dazu auf, sich eine Welt vorzustellen, in der für jeden als rational, vernünftig und vorausschauend geltenden Akteur Grenzüberschreitung ein *Muss* verantwortlichen Handelns und der Verfolgung eigener Interessen darstellt. Die Maxime tritt hier in Widerspruch zu sich selbst, denn wir büßen Sicherheit und Handlungsfreiheit in dem Maße ein, in dem auch andere sich diese Maxime zu eigen machen.

Das betrifft die gegenwärtig diskutierte einseitige Intervention. Denn sobald mit dem Argument der Verletzung von Menschenrechten bestehendes Recht gebrochen wird, so ist damit ein Standard gesetzt: Es gibt von nun an schlechterdings keinen Grund, anderen dasselbe Recht auf Rechtsbruch zu verwehren. Diese rechtsimmanente Logik des ‚wenn ich, dann alle' überzeugt heute nicht mehr als moralische Maxime. Kant (1907 [1785]) hatte jedoch den kategorischen Imperativ gar nicht als ein moralisches Gesetz im Sinne eines von autorisierter Seite oktroyierten Sollens betrachtet. Vielmehr geht es ihm ausschließlich um eine rechtsimmanente Logik und dies ist der Punkt, an dem er heute wieder in einer neuen Weise informativ werden könnte. Daraus folgt, dass nur Grenzregime generalisierbar sind, die zur Achtung bestehender Grenzen auffordern. Dies bedeutet nicht Stagnation, sondern erneuert die völkerrechtlichen Konditionen der nur einvernehmlich mit Anderen im Rahmen bestehender Gesetze und Verträge vorzunehmenden Änderungen.

Die *Gesetzesformel* des kategorischen Imperativs „Handle nur nach derjenigen Maxime, durch die du zugleich wollen kannst, dass sie ein allgemeines Gesetz werde!" (Kant 1907 [1785], S. 52) bezieht sich auf das *Dürfen* und verbleibt mit der Abstraktion im sozialen Bereich. In der heutigen Welt treten Normen in Form von *Programmen* komplexer Handlungssysteme in Erscheinung und fallen somit ins Analysefeld der Systemtheorie. Die von Kant angesprochene imperativische Funktion einer moralischen Gesetzesformel, die *Kontexturen* auf eine friedliche Weise zu wechseln erlaubt, lässt sich als *programmatische Profilierung* neu fassen (Luhmann 2008, S. 185f.).

Versteht man Werteordnungen und mithin Menschenrechte, Demokratie oder Rechtsstaatlichkeit in dieser bescheideneren Form und nicht länger als in bestimmten Ländern bereits realisierter Idealtypus, dann ist für den Frieden viel gewonnen. Das kantische Prüfverfahren lässt sich im Sinne einer Hilfestellung erneuern, die in die Lage versetzt herauszufinden, in welcher Weise die Akteure ihre Selbstdarstellung so konditionieren können, dass Koexistenz möglich wird. Was geschieht, so wäre zu fragen, wenn alle am weltkommunikativen Austausch beteiligten Akteure ihre eigene *Just-Peace-Programmatik* gemäß ihrer je spezifischen Präferenzordnung von Vorrangigem und Nachgeordneten mit allen verfügbaren zivil-militärischen Mitteln umsetzen *dürften*? Auch diese Maxime ist offensichtlich selbstwidersprüchlich und wäre folglich durch eine Maxime zu ersetzen, die die eigene Werteordnung in einer funktional gebrochenen, zurückgenommenen, nur programmatischen Form als reine *Strebensstruktur* profiliert.

Die *Zweckformel* des kategorischen Imperativs „Handle so, dass du die Menschheit, sowohl in deiner eigenen Person, als in der Person eines jeden anderen, jederzeit zugleich als Zweck, niemals bloß als Mittel brauchest!" (Kant 1907 [1785], S. 67) umreißt das *Sollen* und weitet somit die Abstraktion auf die zeitliche Sinndimension aus. Aus der Globalperspektive der ‚Menschheit' betrachtet, verschwimmen die Kategorien von Mittel und Zweck, von Heute und Morgen, von Täter und Opfer, von Angriff und Verteidigung. Dieser Begriff der ‚Menschheit' wird qua selbstbezügliches Phänomen in einer modernen systemtheoretischen Sprache, auf die Vielgliedrigkeit komplexer Handlungsträger bezogen, als *autopoietisches System* bezeichnet.

Die *Autopoiesis-Formel* erinnert ganz im kantischen Sinne die Akteure an das Faktum, dass in selbstbezüglichen Systemen das Urteilsvermögen spezifisch eingeschränkt ist. Denn es fehlt die Außenperspektive, von der aus Mittel und Zweck, Ursache und Wirkung, Gut und Böse, Täter und Opfer auseinandergehalten werden könnten. Aus diesem Grund *sollte* man eine Maxime wählen, die einen selbst nicht nur als Zweck, als Normsetzer und -durchsetzer, als privilegiertes Subjekt, als Mitglied einer reichen gut gerüsteten Nation, sondern auch in der unterlegenen Position eines bloßen Mittels, eines von Neben- und Folgewirkungen betroffenen Leidtragenden denken lässt. Man sieht sich gezwungen zu fragen, was ist morgen, wenn die Kräfteverhältnisse andere sind und das Nachbarland militärisch in der Lage ist, sich die geraubten Ländereien zurückzuholen (Beispiel Kants) oder meinen Tod als Kollateralschaden eines Dschihad in Kauf zu nehmen.

In Antizipation von Gefahren für den internationalen Frieden hatte der kantische Rechtspazifismus bereits im achtzehnten Jahrhundert nicht die guten Gründe für ein *ius ad bellum* weiter präzisiert. Vielmehr entwickelt er ein moralisches Kriterium für den Umgang mit dem Dilemma einer Staatengemeinschaft, in der jeder sein subjektiv stets wohl begründetes Recht auf Krieg durchzusetzen sucht. Solche Gründe liefern gegenwärtig Menschenrechtsverletzungen. Diese hinzunehmen wäre in den Augen der federführenden Akteure verwerflicher als im Falle einer *Humanitären Intervention* selbst der Menschenrechtsvergehen bezichtigt zu werden, erscheinen dieselben doch nicht als Opfer von Gewalt, sondern bloß als Kollateralschäden.

Diese zynisch-kritische Formulierung gibt die kantische Sichtweise insofern wieder, als ein in der dritten Kritik formulierter

Grundsatz dem Urteilsvermögen in vergesellschafteten Verhältnissen prinzipiell misstraut. *Vergesellschaftung* kennzeichnet nach Kant (1790 [1785]) ein selbstbezügliches Objekt, bei dem „die Teile desselben sich dadurch zur Einheit eines Ganzen verbinden, dass sie voneinander wechselseitig Ursache und Wirkung ihrer Form sind."[2] Das Besondere der Tat (Tötung) bezieht Sinn und Zweck aus dem Allgemeinen des Deutungssystems (Opfer/Kollateralschaden). Das Deutungssystem, mithin das Allgemeine (Zweck) wird erkennbar erst im Besonderen der Tat (Mittel). Mittel und Zweck lassen sich nicht als ein Verhältnis von Ursache und Wirkung moralisch bewerten und rational kalkulieren. Da sie einander wechselseitig voraussetzen, gehen Bewertung und Berechnung notwendig fehl: Der Urteilende ist Teil dieses Bedingend-Bedingten und bleibt folglich mit seiner Klage über die Bosheit einer Tat im Deutungssystem gefangen. Dieses von Kant am Organismus im Besonderen und an der Natur (als ökologisch Ganzes) im Allgemeinen dargestellte selbstbezügliche Objekt, wird in der Biologie Humberto Maturanas im Begriff der Autopoiesis zeitgemäß reformuliert und von Luhmann (1984) auf Sinnsysteme (personale, soziale Systeme) bezogen.

Die global vernetzte und also ‚mit sich selbst kommunizierende' Weltgesellschaft kennt keinen Standort, von dem aus Fragen der Effizienz und Legitimität von „tragic choices" (Calabresi und Bobbitt 1978; Luhmann 2008, S. 245) außerlegaler Tötungen beantwortet werden könnten. Da die *Humanitäre Intervention* ein bloßes Risiko *für den Intervenierenden* ist, aber eine Gefahr für die Intervenierten, kann es keine Reziprozität der Perspektiven geben. Die Situation bleibt asymmetrisch. Was in den Augen der Intervenierenden bloßes Mittel ist, erscheint auf Seiten der Inter-

---

2 Zu Text und Deutungsproblemen der 3. Kritik siehe die Beiträge in Höffe (2018).

venierten neokolonialer Selbstzweck: Die alten Kolonialmächte haben einen neuen Vorwand für Fremdherrschaft gefunden. Die Verteidigung von Absatzmärkten, sicheren Transitwegen, billigen Arbeitskräften (Sicherung der outgesourcten Betriebe) durch militärische Spezialeinheiten (schnelle Eingreiftruppe) betrifft nicht das Recht auf Eigentum (Art. 17 [1]) der Allgemeinen Erklärung der Menschenrechte. Sie reklamiert vielmehr ein Recht auf die Potentialisierung von Möglichkeiten (vgl. Bobbio 1998). Wenn es mithin zwar einen weltweiten Konsens bezüglich der Verurteilung von Menschenrechtsverletzungen geben mag, aber in den Augen der einen bezweckte Verletzung (Opfer) ist, was für die anderen als ungewollte Begleiterscheinung einer Ordnungsmaßnahme (Kollateralschaden) hingenommen werden muss, kann es keine einheitliche Zurechnung von Tätern und Opfern geben. Tragische Konflikte dieser Art lassen sich nicht prognostizieren und stellen folglich ein nicht kalkulierbares Eskalationsrisiko dar.

Welche friedensethischen Konklusionen lassen sich aus diesen Beobachtungen ableiten? Diese Frage zielt auf die Erneuerung der kantischen Zweckformel des kategorischen Imperativs als Autopoiesis-Formel, die eben diese schlechterdings unkalkulierbaren Eskalationsgefahren nicht ignoriert, sondern in allen Entscheidungen präsent sein lässt. Da die menschenrechtlich begründete einseitige Interventionspraxis ungewollt und unbeabsichtigt das wechselseitig anerkannte Recht zum Krieg impliziert, bleibt es bei der kantischen Einsicht: ‚Wenn das Recht nicht hilft, hilft nichts mehr'.

Literatur

Benjamin, Walter. 1965. *Zur Kritik der Gewalt und andere Aufsätze*, mit einem Nachwort von Herbert Marcuse, 29–65. Frankfurt a. M.: Suhrkamp.
Bierter, Willy. 2018. *Wege eines Wanderers im Morgengrauen. Auf den Spuren Gotthard Günthers in transklassischen Denk-Landschaften*. Norderstedt: Books on Demand.
Bobbio, Norberto. 1998. *Das Zeitalter der Menschenrechte. Ist Toleranz durchsetzbar?* Berlin: Wagenbach.
Bogdandy von, Armin und Ingo Venzke. 2014. *In wessen Namen? Internationale Gerichte in Zeiten globalen Regierens*. Frankfurt a. M.: Suhrkamp.
Brock, Lothar. 2010. Frieden durch Recht. In *Frieden durch Recht?*, hrsg. von Peter Becker, Reiner Braun und Dieter Deisenroth, 15–34. Berlin: Berliner Wissenschaftsverlag.
Brock, Lothar und Hendrik Simon. 2018. Die Selbstbehauptung und Selbstgefährdung des Friedens als Herrschaft des Rechts. Eine endlose Karussellfahrt? *Politische Vierteljahresschrift* 59 (2): 269–291.
Brücher, Gertrud. 2017. *Ethik im Drohnenzeitalter. Tötung und Tabu*, Bd. 1. Freiburg: Verlag Karl Alber.
Calabresi, Guido und Philip Bobbitt. 1978. *Tragic Choices*, New York, NY: W. W. Norton & Company.
Daase, Christopher und Nicole Deitelhoff. 2015. Jenseits der Anarchie: Widerstand und Herrschaft im internationalen System. *Politische Vierteljahresschrift* 56 (2): 299–318.
Dreier, Horst. 2018. *Staat ohne Gott. Religion in der säkularen Moderne*. München: C.H. Beck.
Fischer-Lescano, Andreas. 2005. *Globalverfassung: Die Geltungsbegründung der Menschenrechte im postmodernen ius gentium*. Weilerswist: Velbrück Verlag Wissenschaft.
Fischer-Lescano, Andreas und Gunther Teubner. 2006. *Regime-Kollisionen: Zur Fragmentierung des globalen Rechts*. Frankfurt a. M.: Suhrkamp.
Fulda, Hans-Friedrich. 2006. Notwendigkeit des Rechts unter Voraussetzung des Kategorischen Imperativ der Sittlichkeit. *Jahrbuch für Recht und Ethik* 14: 167–213.
Galtung, Johan. 1998. *Frieden mit friedlichen Mitteln. Friede und Konflikt, Entwicklung und Kultur*. Opladen: Leske & Budrich.

Höffe, Otfried (Hrsg.). 2018. *Immanuel Kant. Kritik der Urteilskraft*. Berlin: Walter de Gruyter.
Ivanova, Victoria. 2016. Unterbrochene Vermittlung. In *Der Zeitkomplex. Postcontemporary*, hrsg. von Armen Avanessian und Suhail Malik, 81–96. Berlin: Merve Verlag.
Kant, Immanuel. 1790 [1785]. *Kritik der Urteilskraft (KdU)*, Akademie-Ausgabe, Band V, Berlin: Lagarde und Friederich Verlag.
Kant, Immanuel. 1907 [1785]. *Grundlegung zur Metaphysik der Sitten (GMS)*. Akademie-Ausgabe. Berlin: Königlich Preußische Akademie der Wissenschaften.
Kant, Immanuel. 1977 [1796]. „Zum ewigen Frieden. Ein philosophischer Entwurf". In *Schriften zur Anthropologie, Geschichtsphilosophie, Politik und Pädagogik 1*, Werkausgabe Band XI, hrsg. von Wilhelm Weischedel, 191–251. Frankfurt a. M.: Suhrkamp.
Luhmann, Niklas. 1984. *Soziale Systeme, Grundriß einer allgemeinen Theorie*. Frankfurt a. M.: Suhrkamp.
Luhmann, Niklas. 1995. Das Paradox der Menschenrechte und drei Formen seiner Entfaltung. In Luhmann, Niklas. *Soziologische Aufklärung 6. Die Soziologie und der Mensch*, 218–225. Frankfurt a. M.: Suhrkamp.
Luhmann, Niklas. 2008. *Die Moral der Gesellschaft*, hrsg. von Detlef Horster. Frankfurt a. M.: Suhrkamp.
Menke, Christoph. 2011. *Recht und Gewalt*. Berlin: August Verlag.
Menke, Christoph. 2018. *Kritik der Rechte*. Berlin: Suhrkamp.
Mohr, Georg. 2011. Was ist eine Rechtskultur?. In *Recht und Kultur. Menschenrechte und Rechtskulturen in transkultureller Perspektive*, hrsg. von Hans Jörg Sandkühler, 9–20. Frankfurt a. M.: Peter Lang.
Müller, Claudius. 1994. *Die Rechtsphilosophie des Marburger Neukantianismus. Tübingen: Mohr Siebeck*.
Nolte, Georg und Hans-Ludwig Schreiber (Hrsg.). 2004. *Der Mensch und seine Rechte. Grundlagen und Brennpunkte der Menschenrechte zu Beginn des 21. Jahrhunderts. Göttingen: Wallstein Verlag*.
Rawls, John. 2002. *Das Recht der Völker*. Berlin: De Gruyter.
Pauka, Marc. 2012. *Kultur, Fortschritt und Reziprozität. Die Begriffsgeschichte des zivilisierten Staates im Völkerrecht*. Baden-Baden: Nomos.
Peach, Norman. 2013. Menschenrechte versus Völkerrecht. Zum Wandel der Rolle der Menschenrechte in der Völkerrechtsordnung. *Menschenrechte und Kritik, Zeitschrift für Menschenrechte* 21, hrsg. von Georg Lohmann: 101–109.

Roy, Olivier. 2010. *Heilige Einfalt. Über die politischen Gefahren entwurzelter Religionen.* München: Siedler.
Sandkühler, Hans Jörg (Hrsg.). 2011. *Recht und Kultur. Menschenrechte und Rechtskulturen in transkultureller Perspektive.* Frankfurt a. M.: Peter Lang.
Schmidt-Radefeldt, Roman. 2018. Auslandseinsätze der Bundeswehr im Spannungsfeld zwischen Völker- und Verfassungsrecht: Plädoyer für eine völkerrechtsfreundliche Auslegung der deutschen Wehrverfassung. In *Multinationalität und Integration im militärischen Bereich: Eine rechtliche Perspektive,* hrsg. von Sebastian Graf von Kielmansegg, Heike Krieger und Stefan Sohm, 83–102. Baden-Baden: Nomos.
Spaemann, Robert. 1999. *„Die schlechte Lehre vom guten Zweck. Der korrumpierende Kalkül hinter der Schein-Debatte. Frankfurter Allgemeine Zeitung* 51 (247) vom 23.10.1999.
Teubner, Gunther. 2000. Privatregimes: Neo-Spontanes Recht und duale Sozialverfassungen in der Weltgesellschaft? In *Zur Autonomie des Individuums: Liber Amicorum Spiros Simitis,* hrsg. von Dieter Simon und Manfred Weiss, 437–453. Baden-Baden: Nomos.
Walt, Stephen M. 2018. *The Hell of Good Intentions: America's Foreign Policy Elite and the Decline of U.S. Primacy.* New York, NY: Farrar, Straus & Giroux.
Werkner, Ines-Jacqueline und Christina Schües (Hrsg.). 2018. *Gerechter Frieden als Orientierungswissen. Grundsatzfragen.* 2. Aufl. Wiesbaden: Springer VS.

Chancen und Hindernisse der Herausbildung eines genuinen Friedensrechts neuer Qualität

Stefan Oeter

1 Einleitung

Immer wieder wird in der Literatur die Forderung nach einer Neukonzeptualisierung des Friedensrechts erhoben, nach der Herausbildung eines „wahren Friedensrechts" (siehe etwa Schneider 2010, S. 391ff.). Diese Forderung zeigt zunächst einmal an, dass eine gewisse Unzufriedenheit mit dem bestehenden rechtlichen Rahmen der Sicherung und Gestaltung einer nachhaltigen Friedensordnung besteht (vgl. auch Bothe 2010, S. 63ff.). Die Forderungen nach der Herausbildung eines ‚genuinen' oder ‚expliziten' Friedensrechts, die der Titel dieses Beitrages aufnimmt, enthalten mithin implizit eine Defizitanzeige: Das bestehende Recht wird als unzureichend zur Bewältigung der Aufgabe der Schaffung einer nachhaltigen Friedensordnung gesehen, gefordert wird die Herausbildung eines Rechts neuen Typs, das es noch nicht gibt, nämlich eines „expliziten Friedensrechts". Nicht so ganz klar ist, welche zusätzlichen Leistungen ein solches explizites Friedensrecht erbringen sollte, was der eigentliche Mehrwert des geforderten, erst herzustellenden neuen Rechtsrahmens sein sollte (vgl. aber Deiseroth 2010, S. 35ff.).

Nimmt man die so formulierte Aufgabenstellung ernst, wäre erst einmal über die Frage nachzudenken, was Aufgabe und Inhalt eines solchen Friedensrechts sein sollte und was dieses unterscheidet von dem bestehenden Korpus an Regelungen zur Eindämmung von Gewalt, also den Regeln des Friedenssicherungsrechts und des humanitären Völkerrechts. Lassen sich sinnvoll normative Postulate aufstellen, die über den gegenwärtigen Bestand an Regeln zur Sicherung von „Frieden durch Recht" hinausgehen? Im Blick auf die gegenwärtigen Strukturen des Systems internationaler Politik mag man dies durchaus bezweifeln. Natürlich lassen sich utopische Postulate einer allgemeinen Friedfertigkeit der Gesellschaften und Gemeinwesen dieser Welt aufstellen – doch als Rechtswissenschaftler sollte man realistisch bleiben und die Wirkungsbedingungen des Rechts in der politischen Praxis immer mit im Blick behalten. Die politische Wirklichkeit, in die das aktuelle Völkerrecht eingebettet ist, ist aber die einer Welt aus Staaten, die durch enorme Machtdisparitäten, rücksichtslose Machtpolitik und endemische Friedlosigkeit in weiten Teilen der Welt geprägt ist. Es stellt sich mithin die Frage, ob sich in einer solchen „anarchical society" (so Bull 2012) ernsthaft mehr bewirken lässt als die heute schon bestehenden Regeln im Grundsatz sowieso verfolgen – die Eindämmung von Gewalt in den zwischenstaatlichen wie innergesellschaftlichen Beziehungen (vgl. auch O´Connell 2016, S. 45ff.). In der Perspektive des Völkerrechts geht es dabei natürlich zunächst einmal um die zwischenstaatlichen Beziehungen, die im Fokus der klassischen Regelungen des internationalen Rechts stehen. Das moderne Völkerrecht hat aber in großem Umfang darüber hinaus den Versuch unternommen, über internationalrechtliche Vorgaben auch den Einsatz von Gewalt in den innerstaatlichen Verhältnissen einzudämmen – soweit dies irgend möglich ist, ohne den Staaten zu rigide Schranken in der Durchsetzung der staatlichen Rechtsordnung und der Gewährleistung des staatlichen

Gewaltmonopols aufzuerlegen (vgl. Sivakumaran 2012). Dies führt schon auf ein zentrales Problem, das in weiten Teilen der Welt bis heute nicht selbstverständlich ist – es bedarf zur Eindämmung innergesellschaftlicher Gewalt der staatlichen Machtapparate, die das Recht effektiv durchzusetzen vermögen, aber es bedarf auch der institutionellen Hegung dieser Gewaltapparate, um der Gefahren repressiver Durchsetzung von Partikularinteressen zu begegnen und überhaupt gesellschaftliche Befriedung in nachhaltiger Form zu bewirken (vgl. auch von der Pfordten 2016, S. 127ff.). Der Befund, dass die Umsetzung dieser Aufgabe in weiten Teilen der Welt schon innerstaatlich alles andere als trivial ist, lässt erahnen, wie schwer ein derartiges Programm in der (nur sehr schwach institutionalisierten) Ordnung der zwischenstaatlichen Beziehungen umzusetzen ist.

Die folgenden Überlegungen gehen den skizzierten Fragestellungen in mehreren Schritten nach. In einem ersten Schritt wird gefragt, worauf sich die eingangs angerissene Defizitanzeige bezieht – auf eine ungenügende Konzeption des vorfindlichen Bestands an Regeln zur Gewährleistung des Friedens oder auf Defizite in der Umsetzung des normativen Programms der bestehenden Regeln. Die folgenden Überlegungen werden zeigen, dass beide Aspekte in der landläufigen Wahrnehmung eine Rolle spielen. Zwar könnte man meinen, die vorhandenen Regelsysteme seien eigentlich zureichend, das Problem stecke vielmehr einzig und allein in der unzureichenden Implementierung der Regelwerke zur Sicherung friedlicher Beziehungen zwischen den Staaten wie zwischen konfligierenden gesellschaftlichen Akteuren. Doch ein genauer Blick auf die Problembefunde wird zeigen, dass die Probleme der Umsetzung angelegt sind in der grundlegenden Konzeption des Regelwerks selbst. Offenkundig ist dies im Blick auf die Konstruktion des Systems kollektiver Sicherheit in der UN-Charta, mit der zentralen Rolle, die von der Charta dem

Sicherheitsrat der Vereinten Nationen zugeschrieben wird (vgl. Oeter 2015, S. 359ff.). Die mangelnde Funktionsfähigkeit dieses Systems führt zu einer übersteigerten Bedeutung des Rechts der Selbstverteidigung, wie in einem weiteren Schritt gezeigt wird. Man mag dies bedauern – doch Abhilfe würde eine gezielte Steigerung der politischen, aber auch militärischen Funktionsfähigkeit der Strukturen kollektiver Sicherheit verlangen, einschließlich der Ausstattung der UN mit deutlich besseren militärischen Ressourcen. Besonders evident ist dies im Blick auf den Kampf gegen die interne Friedlosigkeit vieler Staaten und Gesellschaften dieser Welt. Die Vereinten Nationen haben grundsätzlich schon recht weitreichende Befugnisse, um auch innerhalb der Staaten für friedlichere Verhältnisse einzutreten – doch mangelt es ihnen durchgängig an den notwendigen Ressourcen, dies auch gegen den Widerstand entsprechender Gewaltakteure durchzusetzen (vgl. Stensland und Sending 2012). Rigide Postulate konsequent pazifistischen Handelns kommen dieser (eigentlich notwendigen) Stärkung institutioneller Strukturen der Staatengemeinschaft immer wieder in die Quere. Ein wahrhaft auf die Gewährleistung von nachhaltigem Frieden ausgerichtetes Friedensrecht muss genau diese normativen und ethischen Dilemmata aufbereiten und immer wieder neu bewusst machen, soll normative Friedenswissenschaft nicht in die Falle tappen, immer nur das Gute und Schöne zu fordern, aber das Schlechte zu bewirken. Ein Streben nach einem genuinen Friedensrecht muss insoweit kritisch mit dem Bestand der existierenden Normen umgehen, darf sich aber nicht auf die Suche nach neuen Normen beschränken, sondern muss die sozialen und politischen Wirkungsbedingungen des Rechts mitbedenken, die der Gewährleistung von „Frieden durch Recht" im Wege stehen.

2 Das Streben nach neuen Normen und die Mühen der Umsetzung der Regelsysteme

Bedarf es für die Herausbildung eines expliziten Friedensrechts der Schaffung neuer, noch besserer Normen als der des vorhandenen Friedenssicherungs- und Konfliktvölkerrechts? Eine vordergründige Analyse der Schwierigkeiten der Friedenssicherung im vorhandenen System der UN-Charta lässt zunächst die Neigung aufkommen, dies zu verneinen. Das Staatensystem krankt vordergründig nicht an einem Mangel an Normen, die dem Ziel eines Friedensrechts dienen, sondern an der unzureichenden Beachtung und Umsetzung der bestehenden Normen. Etwas überspitzt ließe sich formulieren: Die Welt wäre einem nahezu paradiesischen Zustand allseitiger Friedfertigkeit schon recht nahe, würden die vorhandenen Regelsysteme durchgängig beachtet und loyal umgesetzt. Dies lässt sich sehr anschaulich für das vorhandene Friedenssicherungsrecht zeigen, mit dem System der kollektiven Sicherheit der UN-Charta im Zentrum (vgl. Bothe 2016, S. 596ff.; Heintschel von Heinegg 2018, S. 1131ff.). Im Grundsatz stellt die UN-Charta ausreichende Instrumente zur Verfügung, um Krieg und Gewalt in den zwischenstaatlichen Beziehungen zu ächten – und dieser Ächtung auch praktisch Nachdruck zu verleihen. Prinzipiell hat der Sicherheitsrat im Kontext von Kapitel VII all die Kompetenzen, derer es bedarf, um auf Brüche und Bedrohungen des Friedens zu reagieren (vgl. Heintschel von Heinegg 2018, S. 1180ff.; Dinstein 2017, S. 333ff.). Im Blick auf die Eindämmung zwischenstaatlicher Kriege ist das System in einer übergreifenden Perspektive gesamthaft auch durchaus erfolgreich. Der klassische ‚Krieg' zwischen Staaten ist ein eher seltenes Phänomen geworden, ein Sonderfall, der nur noch in Ausnahmekonstellationen auftritt – jedenfalls im Verhältnis der kleinen und mittleren Staaten zueinander (vgl. Ehrhart 2017, S. 7ff.). Die empirisch wichtigste Ausnahme ist die Intervention der

Großmächte zur Durchsetzung wichtiger strategischer Interessen (und damit verknüpfter globaler Ordnungsvorstellungen). In diesem Spezialbereich der Großmachtinterventionen ist das System kollektiver Sicherheit, wie es in der UN-Charta angelegt wurde, deutlich weniger erfolgreich – man denke nur an die sowjetischen beziehungsweise russischen Interventionen in Afghanistan, Georgien und der Ukraine sowie die US-amerikanischen Interventionen in Nicaragua, Grenada, Panama, dem Irak und Libyen (Rotte 2019, S. 485ff.). Eine spezifische normative Problemzone entsteht hier durch die Sonderstellung der ‚Permanent Five (P5)', also der ständigen Mitglieder des Sicherheitsrates. Deren privilegierte Stellung gestattet es ihnen, sich dem Beugezwang des Systems zu entziehen, mit der Folge einer „Verantwortungserosion" im Kern des Systems (Krisch 2005, S. 369ff.). Die ständigen Sicherheitsratsmitglieder sind institutionell verantwortungslos gestellt – und dies drückt sich leider auch in deren praktischer Politik aus, in der Neigung zu verantwortungslosem Handeln unter Missachtung des allgemeinen Gewaltverbotes des Art. 2 (4) UN-Charta. Das praktische Fehlen institutionalisierter Verantwortungszusammenhänge, das die Neigungen zu unilateralem Handeln unter Missachtung der Regelbindung befördert, wirft erhebliche Probleme für die Funktionsfähigkeit der Ordnung kollektiver Sicherheit der UN-Charta auf (Oeter 2015, S. 366ff.; O´Connell 2005, S. 47ff.).

Wie eine alternative Konstruktion eines funktionsfähigen Systems kollektiver Sicherheit aussehen könnte, ist jedoch alles andere als klar (vgl. Franck 2006, S. 597ff.). Ein organisierter Beugezwang unter Anwendung militärischer Machtmittel gegen die hochgerüsteten Nuklearstaaten ist nur schwer vorstellbar, ohne das System fatalen Zerreißproben auszusetzen. Doch die historisch erbte Sonderstellung als Nuklearmacht rechtfertigt normativ nicht die Aushebelung der faktischen Bindung an die für alle anderen geltenden Regelwerke. Je mehr die großen Nuklearmächte von dieser Sonderstellung missbräuchlich Gebrauch machen, unter Beharren auf dem Prinzip allgemeiner Ächtung der Nuklearwaffen, aber gleichzeitiger Verweigerung ernsthafter nuklearer Abrüstung, desto mehr wird langfristig die Axt an die Legitimationsgrundlagen des komplexen Verbundsystems aus UN-Charta und Nichtverbreitungsvertrag gelegt (vgl. Kirchner und Oeter 2016, S. 167ff.). Das Zerbröseln des Nichtverbreitungsvertrages (NPT), mit der entsprechenden Verbreitung nuklearer Waffenarsenale auch bei technologisch kompetenten Mittel- und Regionalmächten, ist friedenspolitisch keine schöne Vorstellung – doch die normative Asymmetrie, die in das System des NPT eingeschrieben ist, erweist sich legitimatorisch als fragil und bedarf der verantwortungsvollen Ausfüllung der damit gegebenen Sonderrolle. Das Beharren auf der historisch entstandenen Sonderrolle, unter praktischer Negierung der im NPT für die Nuklearwaffenstaaten festgeschriebenen Abrüstungsverpflichtung, hat Rückwirkungen auch auf das System der kollektiven Sicherheit der UN-Charta. Wird die mit der privilegierten Sonderrolle verbundene Verantwortung dauerhaft ignoriert, so erodiert die Legitimität des gesamten Systems – ein Befund, der in den Diskursen der Gremien der Vereinten Nationen, noch mehr aber in den Gesprächen auf den Fluren und in den Lobbys in New York und Genf längst tagtäglich zu besichtigen ist. Der Ruf nach einer Reform der Vereinten Nationen, und gerade auch des Sicherheitsrats, steht im Raum – doch die real unternommenen Reformversuche sind bislang alle kläglich gescheitert (vgl. Weiss 2005; Bourantonis 2005; Fassbender 1998). Als *elephant in the room* geistert damit die Frage durch die Köpfe, ob dieses System ohne eine Katastrophe vergleichbaren Ausmaßes wie die, die der Gründung des Völkerbundes und der Vereinten Nationen vorausging, überhaupt noch zu bewerkstelligen ist. Ein ‚Einbunkern' in Kategorien zynischer Real- und Machtpolitik wird den Großmächten nicht dabei helfen, diese Frage in den Untergrund abzudrängen – eher im Gegenteil, sie wird sie immer drängender werden lassen.

3 Herausforderungen des Systems kollektiver Sicherheit

Das konstatierte ‚schwarze Loch' organisierter Verantwortungslosigkeit im Kern des Systems kollektiver Sicherheit führt notwendig zu einer übersteigerten Bedeutung des Rechts der Selbstverteidigung. Individuelle und kollektive Selbstverteidigung bestimmen weite Bereiche der Praxis des Friedenssicherungsrechts, Systeme beziehungsweise Bündnisse kollektiver Selbstverteidigung bilden den realpolitischen Kern von Sicherheitspolitik (Dinstein 2017, S. 301ff.). Kann man sich als einzelner Staat auf die gelebte Solidarität der anderen Staaten nicht verlassen, so bedarf es der eigenen Vorkehr gegen etwaige Aggressionshandlungen, also der Aufstellung und des immer weiteren Ausbaus effizienter militärischer Apparate im Interesse einer funktionierenden Abschreckung, mit all den Gefahren des Wettrüstens, die das Streben nach Eskalationsdominanz bedingt. Reichen die eigenen Anstrengungen auf Sicherung zureichender Eskalationsdominanz nicht aus, so erfolgt die Flucht in Strukturen beziehungsweise Bündnisse institutionell ausgehärteter kollektiver Selbstverteidigung – auch hier mit entsprechenden Gefahren des Strebens nach wechselseitigem Überbieten der Rüstungsanstrengungen und einem immer weiter eskalierenden Rüstungswettlauf (vgl. schon Myrdal 1983).

Als Friedensrecht im eigentlichen Sinne lässt sich dies nur schwer verstehen, wenn es auch zentraler Teil des heutigen Systems der Friedenssicherung ist oder genauer gesagt: dessen realpolitische Grundlage. Normativ konsequent wäre eine Stärkung der Strukturen kollektiver Sicherheit; diese setzen jedoch nicht nur eine verbesserte Handlungsfähigkeit der Institutionen voraus, sondern auch gelebte Solidarität in der Bereitstellung von Ressourcen, gerade auch militärischer Ressourcen. Schon an der Sicherung der Funktionsfähigkeit der institutionellen Strukturen und der institutionell verfassten Entscheidungsprozesse hapert es zutiefst, wie oben angedeutet, und Überlegungen zu einer grundlegenden Reform der institutionellen Strukturen des Sicherheitsrates haben sich als wenig aussichtsreich erwiesen, zerplatzen an den Bestandsinteressen der P5 (vgl. Weiss 2005). Doch Beschlussfassungen im Sicherheitsrat unter Vermeidung eines Vetos sind nur ein – wenn auch recht zentrales – (Teil-)Problem, das die Funktionsfähigkeit des Systems behindert. Selbst in den normativ wie politisch eigentlich unkritischen Segmenten krankt das System des *Peacekeeping* der Vereinten Nationen an mangelnder Verantwortungsbereitschaft der ressourcenstarken Staaten (Johnstone 2015, S. 227ff.; Oeter 2015, S. 359ff.). Die traurige Unterausstattung vieler Friedenstruppen, mit entsprechendem Leerlaufen der Mandate (insbesondere der *Protection of Civilians*-Mandate) ist ein deprimierendes Lehrbeispiel für die defizitäre Verantwortungsteilung auf globaler Ebene (Nollkaemper 2015, S. 437ff.). Da in der Regel mit Zustimmung des jeweiligen Territorialstaates gefasst und zentral gegen nicht-staatliche Gewaltakteure gerichtet, die als *spoiler* den jeweiligen Befriedungsprozess zu torpedieren suchen, ist die Akzeptanz solcher Mandate zum Schutz der Zivilbevölkerung auf internationaler Ebene in der Regel unproblematisch, auch bei den Vetomächten mit prinzipiellen Bedenken gegen Eingriffe in die Souveränität der Staaten (MacDermott und Hanssen 2012, S. 89ff.). Doch die Verabschiedung eines solchen *Protection of Civilians*-Mandates allein verbessert nicht die reale Situation vor Ort. Robust auftretende Gewaltakteure ohne normative Skrupel lassen sich allein durch Mandate nicht abschrecken. Die realen Wirkungen eines solchen Mandats hängen in der Folge an den militärischen Fähigkeiten der jeweiligen Friedenstruppe, das erteilte Mandat auch robust umzusetzen, und dazu bedarf es der entsprechenden militärischen Machtmittel, um sich im Ernstfall auch gewaltsam gegen die Widerstände etwaiger *spoiler* durchzusetzen (vgl. auch Willmot et al. 2016). Doch dies verlangt eine entsprechende Ausstattung der Truppen mit der notwendigen militärischen Hardware und einschlägig ausgebildeten und trainierten Truppenteilen. Genau hier liegt jedoch ein durchgängig auftretendes strukturelles Manko fast aller UN-Friedenstruppen mit *Protection of Civilians*-Mandat. Sie sind zwar ermächtigt, gegen etwaige Widerstände militärischen Zwang einzusetzen – in aller Regel verfügen sie jedoch nicht über die militärischen Ressourcen, um robust das Mandat durchsetzen zu können (Nollkaemper 2015, S. 437ff.). Dementsprechend bleiben die meisten der *Protection of Civilians*-Mandate weitgehend ‚Papiertiger', die die Akteure vor Ort nur schwer zu beeindrucken vermögen – mit fatalen Folgen für die eigentlich auf den vorgesehenen Schutz angewiesene Zivilbevölkerung, die letztlich weitgehend schutzlos bleibt.

Staaten wie die Bundesrepublik Deutschland wären hier sehr viel mehr gefordert, nähmen sie den Gedanken der kollektiven Sicherheit ernst. Neben den Großmächten, die sich prinzipiell kaum an UN-Friedenseinsätzen beteiligen, glänzen auch die wichtigen Industriestaaten durch weitgehende Abstinenz in den mandatsmäßig besonders heiklen *Protection of Civilians*-Missionen. Faktisch sind es vor allem die einschlägigen Militärmächte des globalen Südens, die die entsprechenden Missionen bemannen – doch diese verfügen häufig nicht über die notwendigen militärischen Ausstattungen und entsprechend trainierten Truppenteile, die für eine robuste Durchsetzung erforderlich wären (MacDermott und Hanssen 2012, S. 89ff.). Sollte es realiter ein Bestreben geben, die entsprechenden Mandate ernsthaft in Funktion zu setzen, so bedürfte es ohne Zweifel eines deutlich verstärkten Engagements mittelgroßer Staaten des Nordens mit einschlägigen militärischen Kapazitäten. Doch ein derartiges Engagement wäre angesichts der stark pazifistisch grundierten Strömungen in diesen Staaten innenpolitisch kostspielig – man riskierte nicht nur relevante Opferzahlen unter den eingesetzten Soldaten, sondern auch lautstarke Proteste prinzipieller Gewaltgegner.

4 Menschenrechte und Schutzverantwortung – die interne Friedlosigkeit als Problem

Das konstatierte Problem der mangelnden Umsetzung einmal beschlossener Maßnahmen der kollektiven Sicherheit, im Sinne der zwangsweisen Durchsetzung bestimmter Zielvorgaben, die für die Befriedung gewaltgeplagter Gesellschaften essentiell notwendig sind, ist besonders offensichtlich im Blick auf den Kampf gegen die interne Friedlosigkeit vieler Staaten und Gesellschaften (nicht nur des Globalen Südens). Der Zuständigkeitsbereich kollektiver Sicherheit erstreckt sich nach neuerer Praxis gerade nicht nur auf zwischenstaatliche Kriege, sondern auch auf Gewaltexzesse im Binnenbereich der Staaten, unter Missachtung der Schutzverantwortung (vgl. Oeter 2008, S. 183ff.). Prinzipiell verfügen die Vereinten Nationen über das Instrumentarium, um auch in diesen Fällen mit Beugezwang einzugreifen, in Durchsetzung der Schutzverantwortung (Krisch 2012, Art. 39 Rn. 1ff.). Praktisch läuft diese Möglichkeit aber weitgehend leer, mangels entsprechender normativer Konsense unter den tragenden Mächten, aber auch mangels zureichender Bereitschaft der über entsprechende Ressourcen verfügenden Staaten, im Sinne gelebter Solidarität die notwendigen Ressourcen (auch militärischer Art) zur Verfügung zu stellen.

Die prinzipielle Kompetenz, in Konstellationen rein interner Konflikte notfalls eingreifen zu können, hat sich der Sicherheitsrat im Verlauf der Praxis des Umgangs mit seinen Kapitel VII-Befugnissen seit 1990 klar zugelegt (Heintschel von Heinegg 2018, S. 1181; Dinstein 2017, S. 338ff.). Zwar gibt es an bestimmten Punkten immer noch prinzipielle Reserven ständiger Mitglieder, insbesondere der Volksrepublik China, gegen diese ausgreifende Interpretation der Befugnisse zu Zwangsmaßnahmen unter Kapitel VII. Im Grundsatz kann die Befugnisfrage unter Kapitel VII jedoch als geklärt gelten (Krisch 2012, Art. 39 Rn. 4ff.). Was immer wieder Sand in das Getriebe der einschlägigen Beschlussfassung streut, sind allerdings partikulare Belange der drei Hauptmitglieder des Sicherheitsrates. Es gibt kaum einen internen Konflikt auf der Welt, in den nicht einer der drei – oder ein enger Verbündeter auf regionaler Ebene – involviert wäre. Beispielsfälle dafür liefert die gegenwärtige weltpolitische Lage zuhauf – man denke aktuell nur an den Konflikt in Syrien mit massiver Beteiligung Russlands auf der einen Seite, punktuellen Interventionen Israels, aber auch der USA und Großbritanniens andererseits (vgl. Lukyanov 2019; de Guttry 2018; Lehto 2018) oder an den Konflikt im Jemen mit der massiven Intervention Saudi-Arabiens (unter Deckung der USA und Großbritanniens).

Regelhaft wird in diesen Fällen von der Vetobefugnis Gebrauch gemacht (oder damit gedroht), um regionale *proxies* vor etwaigen Eingriffen der Staatengemeinschaft zu schützen. Eine konstruktive Bearbeitung dieser Konflikte durch den Sicherheitsrat ist damit dann aber ausgeschlossen. Das prinzipiell bestehende Instrumentarium möglicher militärischer Eingriffsmaßnahmen läuft mithin in der politischen Praxis vielfach leer. Doch selbst wenn sich im Sicherheitsrat ausnahmsweise einmal keine Bedenken gegen ein Eingreifen unter Kapitel VII ergeben, stellt sich wiederum die Ressourcenfrage. Die erforderlichen militärischen Ressourcen, sowohl in Form der entsprechenden Hardware wie der einschlägig ausgebildeten Truppen, stehen den typischen Truppenstellerstaaten aus dem globalen Süden regelhaft nicht zur Verfügung. Soll der Schutzverantwortung realiter Genüge getan werden, bedürfte es insoweit der Mithilfe der besser ausgestatteten Armeen der größeren Staaten des Nordens, die entsprechende militärische Ressourcen zur Verfügung stellen müssten, um robuste Einsätze zu ermöglichen (Blokker 2015, S. 202ff.) – doch diese scheuen ersichtlich das beträchtliche Risiko, das mit derartigen Einsätzen unweigerlich verbunden ist (vgl. dazu Kaempf 2018). Die Verwicklung in Bürgerkriege kann militärisch sehr kostspielig werden, kann erhebliche Verluste unter den eigenen Truppen verursachen, kann zudem die eingesetzten Streitkräfte in das Risiko bringen, in gewissem Ausmaß Kollateralschäden unter der eigentlich zu schützenden Zivilbevölkerung in Kauf nehmen zu müssen (Kaempf 2018), eine innenpolitisch häufig nur ungern akzeptierte Nebenfolge robusten militärischen Eingreifens in Situationen handfester bewaffneter Konflikte. Diese (politisch völlig nachvollziehbare) Neigung zur Vermeidung als übermäßig erscheinender Risiken beraubt das an sich bestehende Instrumentarium der Umsetzung der Schutzverantwortung jedoch weitgehend seiner Wirksamkeit. Es ist eben nicht nur die Neigung der P5 zu unverantwortlichen Machtspielen im Sicherheitsrat, sondern auch die militärische Abstinenz der an sich über geeignete Kapazitäten verfügenden Mittelmächte des Nordens, sich in Befriedungsaktionen in Situationen eskalierter interner Konflikte zu engagieren, die das Potenzial der Schutzverantwortung unter Rückgriff auf Kapitel VII zu einer weitgehend hypothetischen Option hat verkommen lassen.

Ohne den institutionellen Garanten einer zureichend handlungsfähigen Staatengemeinschaft fehlt es dem Komplex aus elementaren Menschenrechten und Schutzverantwortung aber an Strukturen einer nachhaltigen Umsetzung. Das Recht degeneriert zu einer rein symbolischen Ressource.

5 „Frieden durch Recht" und die Rolle des Militärs

Limitierende Faktoren, die das Funktionieren des globalen Systems kollektiver Sicherheit nachhaltig behindern, sind also nicht nur in der Architektur der Institutionen globaler Friedenssicherung zu finden, insbesondere im Kontext des Sicherheitsrates und dessen problematischer Abhängigkeit von den Großmächten, sondern hängen auch mit innenpolitischen Befindlichkeiten anderer großer (und ressourcenstarker) Staaten zusammen. Ein dezentrales System kollektiver Sicherheit (wie das der UN-Charta) ist für sein Funktionieren auf die praktische Solidarität seiner Mitglieder angewiesen – dies hat der vorgängige Blick auf die im Kontext von UN-Friedensmissionen sich immer wieder stellenden Ressourcenfragen gezeigt. Solange genau die Staaten, die eigentlich über die notwendigen militärischen Ressourcen verfügen, um Verantwortung in der globalen Friedenssicherung zu übernehmen, sich der Zumutung praktischer Solidarität verweigern, bleibt das System in großem Umfang notwendig seiner Funktionsfähigkeit beraubt.

Staaten wie die Bundesrepublik Deutschland, ja ganz generell die Staaten der EU müssen sich auf Dauer überlegen, welche Rolle sie eigentlich im globalen Streben nach einer verbesserten Funktionsfähigkeit der Strukturen kollektiver Sicherheit spielen wollen. Potenziell wären sie wichtige Ankerakteure in einem solchen System. Die klassischen Großmächte, also die USA und Russland, tendenziell aber zunehmend auch China, sind eher Teil des Problems als der Lösung, sind sie doch aufgrund ihrer vielfältigen Praxis verdeckter Intervention in Verfolgung geostrategischer

Interessen fast durchgängig Partei in bewaffneten Konflikten. Neutrale Sachwalter des globalen ‚Gemeinwohls' sind sie kaum jemals. Nicht direkt von den Konflikten betroffene, aber ressourcenstarke Staaten und Staatengruppen wie die EU und ihre Mitglieder hätten im Gegensatz dazu eine Chance, glaubhaft als Konfliktmittler und ‚Friedensmacht' zu agieren. Doch dies müssten sie wollen – und nicht nur auf rein rhetorischer Ebene. Natürlich sind auch bei diesen Staaten immer wieder einmal handfeste ökonomische oder geostrategische Interessen im Spiel – man denke etwa an die Rolle Frankreichs in der Sahelzone. Doch beziehen sich die (Partikular-)Interessen oft nur auf spezifische Regionen beziehungsweise Konstellationen und sind meist nicht so massiv, dass sie nicht durch das übergeordnete Ordnungsinteresse an der Stärkung der Funktionsfähigkeit des multilateralen Weltsystems überformt werden könnten.

„Frieden schaffen ohne Waffen" ist in einer Welt voller skrupelloser Gewaltakteure ein hehres Ideal – aber ein Ideal, das notwendig immer wieder an den Realitäten scheitern muss. „Frieden durch Recht" ist ein Projekt, das sich nicht nur auf das Setzen von Rechtsnormen wird beschränken können, sondern das auch systematisch daran wird arbeiten müssen, die akzeptierten Rechtsnormen gegenüber Rechtsbrechern und zynisch am Recht vorbei agierenden Akteuren durchzusetzen (O´Connell 2016, S. 45ff.). Und Rechtsdurchsetzung bedarf da, wo das Recht unter Rückgriff auf Gewalthandlungen geleugnet wird, der gezielten Gewaltanwendung – dies gilt innerstaatlich, dies gilt aber auch in den internationalen Beziehungen. Ein Gewaltmonopol ohne institutionalisierten Gewaltapparat ist leere Phrase, und ein ‚Friedensrecht' ohne Rechtsdurchsetzung gegenüber Rechtsbrechern ist ein Etikettenschwindel, denn Recht verkommt ohne institutionalisierte Durchsetzung leicht zur Beute skrupelloser Zyniker (vgl. auch Oeter 2016, S. 83ff.).

Natürlich kann das Grundproblem hier nur in einer sehr simplifizierten Skizze angedeutet werden – und ist bei genauerem Hinsehen deutlich komplexer. Genau diese abgründige Komplexität bereitet bei der Abschätzung der zu erwartenden Folgen unweigerlich Probleme. Militärische Intervention – in welcher Form auch immer – steht unvermeidbar in der Gefahr, zur Geisel partikularer Interessen der beteiligten Mächte zu werden. Perfekten Schutz gegen diese Gefahr der Instrumentalisierung gibt es nicht, allenfalls können institutionelle Arrangements und damit verknüpfte Prozeduren für eine gewisse Filterung der einschlägigen Interessen und Narrative sorgen. Zudem sind die Folgen externer Interventionen, die innerhalb der jeweiligen Gesellschaft eintreten, nur ganz schwer abzuschätzen. Die internen politischen Kräfte und Gewaltakteure passen sich schnell an die veränderte Situation an und suchen die externen Akteure für ihre Zwecke zu instrumentalisieren – häufig mit Erfolg. Im Ergebnis zeitigen Interventionen fast immer nicht-intendierte Nebeneffekte, die nur mit großen Schwierigkeiten zu prognostizieren sind (vgl. Autesserre 2014). Dies spricht durchaus dafür, eine gewisse Vorsicht beim Blick auf militärische Interventionen walten zu lassen, und doch sind sie mitunter unabdingbar, wenn eine Gewaltspirale in konfliktgeladenen Gesellschaften völlig aus den Fugen zu geraten droht.

Reflexe eines verabsolutierten Pazifismus behindern die hier angedeuteten Lernprozesse eher, als dass diese ermöglicht würden. Gewaltapparate und Formen militärischer Durchsetzung sind notwendige Bestandteile einer jeden Ordnung des „Friedens durch Recht", die sich nicht im rein Symbolischen erschöpfen will (von der Pfordten 2016, S. 127ff.). Friedenssicherung ohne militärische Apparate ist in einer Welt voller Waffen eine hohle Utopie. Stellt man sich erst einmal diesem Befund, so hat dies massive politische Auswirkungen in den unterschiedlichsten Bereichen. Beispielhaft sei hier nur auf die Diskussion um die notwendige Ressourcenausstattung der Bundeswehr hingewiesen. Naive Reflexe, wie „mehr Mittel für die Bundeswehr bedeuten unweigerlich (schädliche) Aufrüstung", behindern uns bei der zureichenden Wahrnehmung der friedenspolitischen Verantwortung, in der deutsche Politik steht. Ohne zureichende Ressourcen ist die Bundesrepublik nicht nur hilflos in der Gewährleistung ihrer eigenen Sicherheit, die so bequem über Jahrzehnte an den ‚großen Bruder' jenseits des Atlantiks wegdelegiert worden war, sondern auch zur permanenten Verweigerung eigentlich nötiger Solidarität im globalen System kollektiver Sicherheit verdammt. Zugegeben, Deutschland nimmt seit gut zwanzig Jahren an Friedenseinsätzen der UN teil. Der Beitrag ist jedoch, bedenkt man die Größe und Ressourcenstärke des Landes, eher marginal. Dies hängt mit der Ressourcenschwäche der Bundeswehr zusammen, die mit zwei Einsätzen von jeweils etwas mehr als tausend Mann schon an die Grenze der Überforderung gelangt; dies hängt aber im Kern noch mehr mit der mentalen und politischen Befindlichkeit der deutschen Gesellschaft zusammen, die nicht bereit ist, sich den Herausforderungen globaler Friedenssicherung aktiv zu stellen, sondern sich lieber in fundamentalpazifistische Träume flüchtet. Der durchgängig deplorable Ausstattungszustand der Bundeswehr ist nicht vom Himmel gefallen, sondern ist Ergebnis politisch akzeptierter Vernachlässigung, spiegelt die herrschenden Prioritätssetzungen im Einsatz materieller Ressourcen wider. Mutwillig herbeigeführter Ressourcenmangel ist aber – betrachtet man es aus ethischer Perspektive – keine gute Ausrede dafür, sich den Postulaten praktischer Solidarität zu entziehen. Nicht umsonst ist in den letzten Jahren eine Diskussion über internationale Gerechtigkeit aufgelebt, die unter einer ethischen Perspektive die Fragen einer angemessenen globalen Lastenteilung und Solidaritätsverpflichtung thematisiert (vgl. nur Nida-Rümelin et al. 2019; Broszies und Hahn 2013).

6 Friedensrecht als eine rein normative Herausforderung?

Ein „explizites Friedensrecht" müsste diese Zusammenhänge thematisieren, darf sich also – unter den real existierenden Bedingungen der internationalen Politik – nicht auf ein ‚Wunschkonzert' wohlfeiler normativer Postulate beschränken, sondern muss die politischen Umsetzungs- und Wirkungsbedingungen der Normen mit in den Blick nehmen. Rechtsdenken in Deutschland trägt bis heute tief einkodierte Züge eines idealistischen Denkens. Recht wird dabei als eine Sphäre des Guten wahrgenommen, die für sich die Welt schon besser werden lässt. Leider steckt in dieser Wahrnehmung ein fataler Kategorienfehler. Die Welt wird nicht allein dadurch besser, dass man eine neue Rechtsnorm setzt – und sei diese auch noch so gut gemeint. Recht verändert soziale Praktiken nur, wenn es von den konkreten Akteuren ernst genommen wird, im Sinne einer handlungsleitenden Funktion. Handlungsleitende Funktion kommt Normen aber nicht per se zu. Dies gerät häufig allein schon deshalb aus dem Blick, weil Recht in starkem Maße von der Internalisierung der Normen im Gefolge von Sozialisierungsprozessen lebt – eine Internalisierung, die Normen aus einer „Logik der Angemessenheit" (March und Olsen 1989) heraus fraglos zur Leitschnur sozialen Handelns werden lässt. Eine Rechtsordnung, die allein auf Instrumente zwangsweiser Durchsetzung angewiesen wäre, könnte kaum funktionieren, es kann nicht hinter jedem Baum ein Polizist stehen. Doch eine Rechtsordnung, die völlig auf zwangsweise Durchsetzung verzichtet, auch da, wo sie eklatant missachtet wird, erodiert mit der Zeit, verliert in den Augen der über das jeweilige Recht organisierten Gesellschaft irgendwann ihren Geltungsanspruch. Dies ist in nationalen Rechtsordnungen zu beobachten, denen Rechtsdurchsetzung aufgrund der Lähmung oder des Zerfalls staatlicher Institutionen praktisch nicht mehr

Genuines Friedensrecht neuer Qualität

gelingt, dies ist aber erst recht charakteristisch für dezentral angelegte Rechtsordnungen, wie das Völkerrecht, die über keine zentrale Durchsetzungsinstanz verfügen. Sanktionieren die Rechtsgenossen zumindest elementare Rechtsbrüche nicht durch gemeinsames Handeln, lassen sie das Opfer der Regelbrüche systematisch im Regen stehen, so wird sich bald niemand mehr auf die Steuerungskraft der Rechtsordnung – und den Schutz erworbener Rechtspositionen – verlassen, denn diese erweisen sich ja dann empirisch als hohl.

Denkt man diesen Gedanken weiter, so ergibt sich für das ‚Friedensrecht' daraus eine radikale Abkehr von einer Fixierung allein auf die innere Logik der normativen Sollenssätze. Gefordert wäre aus meiner Sicht für ein weiterführendes, echtes ‚Friedensrecht' ein Abgehen von rein normativen Diskussionen und ein Zusammendenken von normativer Ebene und empirischer Ebene der sozialen und politischen Voraussetzungen, Erfolgsfaktoren, aber auch Wirkhemmungen und praktischen Herausforderungen der normativen Postulate einer in Recht transformierten Friedensethik. Recht ist immer Resultante und Ausfluss von Politik, kann ohne den notwendigen Konnex zu seinen politischen Ausgangslagen und Wirkungsbedingungen nicht angemessen gedacht werden. ‚Friedensrecht' ist insofern mehr als in konkretisierte Normen gegossene Friedensethik, sondern enthält immer auch den praktischen Schritt der Vermittlung mit den Rahmenbedingungen politischer Praxis. Friedensrecht ist nicht zu denken als rein deduktive Ableitung aus Postulaten der Friedensethik, sondern zielt auf politisch gesetzte beziehungsweise verabredete Normproduktion, also die Konstruktion von Normen, denen in einem konkreten politischen Umfeld Verbindlichkeit zugesprochen wird und die durch die Rechtsgemeinschaft auch angemahnt und durchgesetzt werden. Rechtswissenschaft kann sich in dieser Perspektive nicht allein darauf beschränken, den materiellen Gehalt der so entstandenen

Normtexte zu eruieren, sondern muss auch auf den Geltungskontext blicken, aus dem die Norm ihre Verbindlichkeit erhält, muss damit aber auch auf die politischen Prozesse blicken, die in der Norm ihren Ausdruck gefunden haben – meist in Form prekärer Kompromisskonstruktionen, deren Kompromisscharakter in der weiteren Entwicklung des sozial geteilten Bedeutungsverständnisses der Norm, des *meaning in use*, wieder aufbrechen kann und der immer wieder neuer Feinjustierung der involvierten Interessen bedarf. Gerade bei Formen des Rechts, die nicht automatisch auf einen staatlichen Durchsetzungsapparat zurückgreifen können, bedarf es zudem des vertieften Blickes auf die Anreizstrukturen der beteiligten Akteure und die strukturellen Bedingungen, aus denen ein Befolgungsdruck für die involvierten Akteure erwächst. Ohne diesen Blick auf die sozialen und politökonomischen Wirkungsbedingungen des Rechts bleibt eine normative Betrachtung blind für die eigentlichen Herausforderungen.

7 Friedensrecht als ein Programm interdisziplinärer Forschung

Die Forderung nach einem wirklichen Friedensrecht kann insofern im Kern nicht auf die Suche nach noch mehr Normen mit noch größerem utopischen Überschuss hinauslaufen, sondern muss die praktischen Geltungsbedingungen funktionierender Normativität zentral in den Blick nehmen. Die Brückenschläge der letzten zwei Jahrzehnte zwischen Politikwissenschaft und Recht, aber auch Ökonomie und Recht und politischer Soziologie und Recht haben hier wichtige Vorarbeiten geleistet. Über experimentelle Probesondierungen ist die Zusammenschau von Friedensrecht und praktischer Politik aber bislang nicht hinausgekommen. Die geschlossenen ‚Container' der Fachdisziplinen und die epistemische

'Grenzarbeit' der jeweiligen Disziplinen behindern bis heute die nachhaltige Ausbildung eines auch seine praktischen Wirkungsbedingungen in den Blick nehmenden Friedensrechts. Ohne den Blick über den Tellerrand der disziplinären Grenzen bleibt ein rein normativ verstandenes Friedensrecht jedoch der hehren Welt des Wünschbaren, bestenfalls des unter Idealbedingungen Gesollten, verhaftet. Es geht jedoch darum, die Bedingungen der Herstellung und Sicherung von Frieden unter Nutzung rechtlicher Formen zu untersuchen, also der realen Umsetzung der Programmatik des *Peace through Law* unter Bedingungen endemischer Friedlosigkeit und hoher Gewaltbereitschaft zu erkunden. Dies ist als Programmatik nicht trivial, da internationales Recht die Bedingungen seiner realen Geltung nicht notwendig in sich trägt. Zentrale Teile des Völkerrechts stehen immer wieder in der Gefahr, zu rein symbolischen Postulaten zu verkümmern. Nicht dass der symbolische Gehalt von Recht gering zu schätzen wäre. Doch ein echtes Friedensrecht, dem es gelingen soll, Frieden zwischen den Staaten nachhaltig zu gewährleisten, aber auch Formen exzessiven Gewalteinsatzes innerhalb der staatlichen Gemeinwesen zu bannen, kann sich mit einer rein symbolischen Funktion nicht begnügen. Es bedarf des systematischen Blickes auf seine Funktionsvoraussetzungen und seine Wirkungsbedingungen, will es die Welt der Staaten tatsächlich positiv gestalten, im Sinne der Sicherung von Frieden. Dies muss im Ergebnis auch mehr umfassen als die Abwesenheit von offener Gewalt, die ja auch mit umfassender Repression erzielt werden kann, sondern muss ein Ideal des gerechten Friedens (siehe dazu de Bruijne und den Hertog 2018; Philpott 2012) in den Blick nehmen und operationalisieren. Fragen der militärischen Durchsetzung des Rechts, die in diesem Beitrag im Vordergrund standen, sind in einer solchen holistischen Perspektive des gerechten Friedens nicht alles, worauf Friedensrecht blicken sollte. Friedensrecht im weiteren Sinne muss auch Fragen der *cultures of peace*, der *transformative justice*, der *good governance* und der Sicherung der Menschenrechte als Themenfelder im Blick behalten, ja, muss gerechten Frieden zusammendenken mit dem Paradigma der Nachhaltigkeit und den überwölbenden *Sustainable Development Goals* der Staatengemeinschaft. Doch hier schließt sich wieder der Kreis. Nachhaltige Entwicklung ist ohne Eindämmung staatlicher und gesellschaftlicher Gewalt und ein Mindestmaß an Rechtssicherheit zum Scheitern verurteilt. Ein echtes Friedensrecht muss all diese Problemkomplexe zusammendenken – ein wahrhaft herausforderndes Programm, das erst ganz am Beginn einer ernsten wissenschaftlichen Bearbeitung steht.

Literatur

Autesserre, Séverine. 2014. *Peaceland: Conflict Resolution and the Everyday Politics of International Intervention*. New York, NY: Cambridge University Press.

Blokker, Niels. 2015. Outsourcing the Use of Force: Towards More Security Council Control of Authorized Operations? In *The Oxford Handbook of the Use of Force in International Law*, hrsg. von Marc Weller, 202–226. Oxford: Oxford University Press.

Bothe, Michael. 2010. An den Grenzen der Steuerungsfähigkeit des Rechts: Kann und soll es militärischer Gewalt Schranken setzen? In *Frieden durch Recht?*, hrsg. von Peter Becker, Reiner Braun und Dieter Deiseroth, 63–70. Berlin: BWV Berliner Wissenschafts-Verlag.

Bothe, Michael. 2016. Friedenssicherung und Kriegsrecht. In *Völkerrecht*, hrsg. von Wolfgang Graf Vitzthum und Alexander Proelß, 596–682. 7. Aufl. Berlin: De Gruyter.

Bourantonis, Dimitris. 2005. *The History and Politics of UN Security Council Reform*. London: Routledge.

Broszies, Christoph und Henning Hahn (Hrsg.). 2013. *Globale Gerechtigkeit*. Berlin: Suhrkamp.

De Bruijne, Ad und Gerard den Hertog (Hrsg.). 2018. *The Present „Just Peace/Just War" Debate: Two Discussions or One?* Leipzig: Evangelische Verlagsanstalt.

Bull, Hedley. 2012. *The Anarchical Society: A Study of Order in World Politics.* 4. Aufl. Basingstoke: Palgrave Macmillan.

Deiseroth, Dieter. 2010. Das Friedensgebot des Grundgesetzes und der UN-Charta – aus juristischer Sicht. In *Frieden durch Recht?,* hrsg. von Peter Becker, Reiner Braun und Dieter Deiseroth, 35–61. Berlin: BWV Berliner Wissenschafts-Verlag.

Dinstein, Yoram. 2017. *War, Aggression and Self-Defence.* 6. Aufl. Cambridge: Cambridge University Press.

Ehrhart, Hans-Georg. 2017. Einleitung: Krieg und Kriegführung im 21. Jahrhundert. In *Krieg im 21. Jahrhundert: Konzepte, Akteure, Herausforderungen*, hrsg. von Hans-Georg Ehrhart, 7–27. Baden-Baden: Nomos.

Fassbender, Bardo. 1998. *UN Security Council Reform and the Right of Veto: A Constitutional Perspective.* The Hague: Kluwer.

Franck, Thomas M. 2006. Collective Security and UN Reform: Between the Necessary and the Possible. *Chicago Journal of International Law* 6 (2): 597–610.

De Guttry, Andrea. 2018. The Western-led Military Operations in Syria in Response to the Use of Chemical Weapons. *Archiv des Völkerrechts* 56 (4): 472–513.

Heintschel von Heinegg, Wolff. 2018. Friedenssicherung. In *Völkerrecht*, hrsg. von Knut Ipsen, 1131–1193. 7. Aufl. München: C.H. Beck.

Henderson, Christian. 2013. The Centrality of the United Nations Security Council in the Legal Regime Governing the Use of Force. In *Research Handbook on International Conflict and Security Law*, hrsg. von Nigel D. White und Christian Henderson, 120–169. Cheltenham: Elgar.

Johnstone, Ian. 2015. When the Security Council is Divided: Imprecise Authorizations, Implied Mandates, and the 'Unreasonable Veto'. In *The Oxford Handbook of the Use of Force in International Law*, hrsg. von Marc Weller, 227–250. Oxford: Oxford University Press.

Kaempf, Sebastian. 2018. *Saving Soldiers or Civilians? Casualty-Aversion versus Civilian Protection in Asymmetric Conflicts.* Cambridge: Cambridge University Press.

Kirchner, Gerald und Stefan Oeter. 2016. The Technical Limits of Verification and their Implications for Treaty Design. In *Nuclear Non-Proliferation in International Law, Vol. II: Verification and Compliance*, hrsg. von Jonathan Black-Branch und Dieter Fleck, 167–186. The Hague: Asser Press.

Krisch, Nico. 2005. International Law in Times of Hegemony: Unequal Power and the Shaping of the International Legal Order. *European Journal of International Law* 16 (3): 369–408.

Krisch, Nico. 2012. Article 39. In *The Charter of the United Nations. A Commentary. Vol. II*, hrsg. von Bruno Simma, Daniel-Erasmus Khan und Georg Nolte, 1272–1293. 3. Aufl. Oxford: Oxford University Press.

Lehto, Marja. 2018. The Fight Against ISIL in Syria. *Nordic Journal of International Law* 87 (1): 1–25.

Lukyanov, Fjodor. 2019. *Russia and the Middle East: Viewpoints, Policies, Strategies*. Minneapolis, MN: East View Press.

MacDermott, Justin und Måns Hanssen. 2012. Protection of Civilians in UN Peacekeeping Mandates: An Overview. In *The Protection of Civilians in UN Peacekeeping: Concept, Implementation and Practice*, hrsg. von Benjamin de Carvalho und Ole Jacob Sending, 89–108. Baden-Baden: Nomos.

McMahan, Jeff. 2009. *Killing in War*. Oxford: Oxford University Press.

March, James G. und Johan P. Olsen. 1989. *Rediscovering Institutions. The Organizational Basis of Politics*. New York, NY: The Free Press.

Myrdal, Alva. 1983. *Falschspiel mit der Abrüstung: gegen den Rüstungswettlauf der Supermächte*. Reinbek: Rowohlt.

Nida-Rümelin, Julian, Detlef von Daniels und Nicole Wloka (Hrsg.). 2019. *Internationale Gerechtigkeit und institutionelle Verantwortung*. Berlin: De Gruyter.

Nollkaemper, André. 2015. 'Failures to Protect' in International Law. In *The Oxford Handbook of the Use of Force in International Law*, hrsg. von Marc Weller, 437–461. Oxford: Oxford University Press.

O´Connell, Mary Ellen. 2005. The United Nations Security Council and the Authorization of Force: Renewing the Council Through Law Reform. In *The Security Council and the Use of Force: Theory and Reality – A Need for Change?*, hrsg. von Niels Blokker und Nico Schrijver, 47–63. Leiden: Nijhoff.

O´Connell, Mary Ellen. 2016. Belief in the Authority of International Law for Peace: A Reflection on Pacem in Terris. In *Peace through Law. Reflections on Pacem in Terris from Philosophy, Law, Theology, and Political Science*, hrsg. von Heinz-Gerhard Justenhoven und Mary

Ellen O´Connell, 45–63. Baden-Baden/Münster/London: Nomos/ Aschendorff/Bloomsbury.
Oeter, Stefan. 2008. Menschenrechte, Demokratie und Kampf gegen Tyrannen als Probleme der Friedenssicherung? Voraussetzungen und Grenzen der Autorisierung militärischer Gewalt durch den Sicherheitsrat der Vereinten Nationen. In *Legalität, Legitimität und Moral. Können Gerechtigkeitspostulate Kriege rechtfertigen?*, hrsg. von Thomas Bruha, Sebastian Heselhaus und Thilo Marauhn, 183–209. Tübingen: Mohr Siebeck.
Oeter, Stefan. 2015. Krise der kollektiven Sicherheit? Überlegungen zum Sicherheitsrat, seinen Ständigen Mitgliedern und deren Versuchungen des ‚Exzeptionalismus'. In *Gesellschaftliche Herausforderungen des Rechts. Gedächtnisschrift für Helmut Rittstieg*, hrsg. von Markus Krajewski, Matthias Reuß und Tarik Tabbara, 359–378. Baden-Baden: Nomos.
Oeter, Stefan. 2016. Global Constitutionalism: Fundamental Norms, Contestation and the Emergence of Constitutional Quality. In *Peace through Law. Reflections on Pacem in Terris from Philosophy, Law, Theology, and Political Science*, hrsg. von Heinz-Gerhard Justenhoven und Mary Ellen O´Connell, 83–107. Baden-Baden/Münster/London: Nomos/Aschendorff/Bloomsbury.
Pfordten von der, Dietmar. 2016. Law and Security of Law. In *Peace through Law. Reflections on Pacem in Terris from Philosophy, Law, Theology, and Political Science*, hrsg. von Heinz-Gerhard Justenhoven und Mary Ellen O´Connell, 127–142. Baden-Baden/Münster/London: Nomos/ Aschendorff/Bloomsbury.
Philpott, Daniel. 2012. *Just and Unjust Peace: An Ethic of Political Reconciliation*. Oxford: Oxford University Press.
Rotte, Ralph. 2019. *Das Phänomen Krieg. Eine sozialwissenschaftliche Bestandsaufnahme*. Wiesbaden: Springer VS.
Schneider, Patricia. 2010. Skizzierung gemeinsamer Zukunftsprojekte eines „Netzwerkes Friedensrecht" – Friedensrecht und Friedensforschung. In *Frieden durch Recht?*, hrsg. von Peter Becker, Reiner Braun und Dieter Deiseroth, 391–400. Berlin: BWV Berliner Wissenschafts-Verlag.
Sivakumaran, Sandesh. 2012. *The Law of Non-International Armed Conflict*. Oxford: Oxford University Press.
Stensland, Andreas und Ole Jacob Sending. 2012. Unpacking the "Culture of Protection": A Political Economy Analysis of UN Protection of Civilians. In *The Protection of Civilians in UN Peacekeeping*, hrsg.

von Benjamin de Carvalho und Ole Jacob Sending, 63–88. Baden-Baden: Nomos.
Weiss, Thomas G. 2005. Compromise and Credibility: Security Council Reform? *Security Dialogue* 36 (2): 131–154.
Willmot, Haidi, Ralph Mamiya, Scott Sheeran und Marc Weller (Hrsg.). 2016. *Protection of Civilians*. Oxford: Oxford University Press.

Frieden durch Recht. Recht durch Krieg?
Bleibende Kontroversen

Lothar Brock

1 Einleitung

Die Idee, Frieden durch Recht zu erlangen, treibt das in Europa entstandene (aber deshalb keineswegs nur europäische) politische Denken spätestens seit der Aufklärung um.[1] Seit den Haager Friedenskonferenzen, der Gründung des Völkerbundes, dem Kriegsächtungspakt von 1928 und der Gründung der Vereinten Nationen steht sie auf der Tagesordnung der Weltpolitik. Kann sie von dieser Tagesordnung auch wieder verschwinden? Der Sachverhalt, dass

---

1 Lohmann führt in seinem Beitrag die Idee „Frieden durch Recht" bis zur „menschheitsverbindenden *lex naturalis* der Stoiker" zurück. Dass das hier angesprochene politische Denken keineswegs nur europäisch ist, darauf verweist die inzwischen umfangreiche Literatur, die verschiedene post-koloniale Ansätze verfolgt. Dazu im hier relevanten Themenbereich Chimni 2015. Zum Thema Frieden durch Recht: Habermas 1996; Bothe 2010; Brock 2010. Zur Kritik aus realistischer Sicht: Goldsmith und Posner 2015 und unter den Bänden zur Friedensdenkschrift der Evangelischen Kirche in Deutschland: Werkner und Meireis 2019.

zwischen den Haager Friedenskonferenzen und der Gründung des Völkerbundes der Erste Weltkrieg lag und zwischen dem Kriegsächtungspakt und der Gründung der Vereinten Nationen der Zweite, kann als Hinweis auf die Beharrlichkeit der Idee gelten, Frieden durch Recht zu gewährleisten – aber auch als Verweis auf ihre Unwirksamkeit. Dies umso mehr, wenn man sich vergegenwärtigt, wie wenig heute von der Hoffnung der 1990er-Jahre auf eine friedenstiftende Konstitutionalisierung des Völkerrechts geblieben ist. Erweist sich die Idee, dem Frieden durch Verrechtlichung der internationalen Beziehungen näher zu kommen, abermals als den „harten Tatsachen" der internationalen Politik nicht gewachsen? Hat dieses Projekt überhaupt noch eine Zukunft?

Aus den Beiträgen zum vorliegenden Band lassen sich unterschiedliche Antworten auf diese Fragen ableiten. Mit Friedrich Lohmann ließe sich die These vertreten, dass „Frieden durch Recht" als Konzept nur eine Zukunft hat, wenn es nicht einem institutionalistischen *top-down*-Ansatz folgt, sondern *bottom-up* als „Transformation der Herzen" verstanden wird. Thomas Hoppe folgt dem insofern, als er davon ausgeht, dass sich die Verwirklichung einer menschenrechtsfreundlichen Friedensordnung nicht in der Schaffung von positivierten Rechtsnormen erschöpfen kann. Recht könne eine solche Ordnung nur fördern, wenn es auf nicht-positivistischer Grundlage konzipiert werde. Aus Tim Wihls Sicht geht es im Unterschied zur Argumentation von Lohmann und Hoppe darum, ein positives „Recht des Pazifismus" zu schaffen, das die *Unbestimmtheit* (siehe unten) des bestehenden Kriegsrechts aufhebt und damit seiner Instrumentalisierung für die Rechtfertigung von Gewalt entgegenwirkt. Folgte man Stefan Oeter, ist nicht absehbar, wie unter den gegebenen Umständen in Wihls Sinne ein über die bestehenden Regeln hinausgehendes explizites Friedensrecht geschaffen werden könnte. „Frieden durch Recht", so wäre hier zu folgern, kann als Projekt nur vorankommen, wenn es die sozialen und politischen Wirkungsbedingungen des Rechts bedenkt. Gertrud Brücher schließlich unterstreicht die Notwendigkeit, Gewalt nicht als Gegenbegriff, sondern als Konstituens des Rechts anzuerkennen und sich auf diesem Weg mit den Grenzen der Wirksamkeit des Rechts auseinanderzusetzen, die im Recht selbst liegen.

Im Folgenden soll erörtert werden, was sich aus diesen unterschiedlichen Einschätzungen der Rolle des Rechts bei der Überwindung oder zumindest Einhegung von Gewalt und für die Förderung des Friedens ergibt. Das soll in der Weise geschehen, dass zunächst das Verhältnis von Frieden und Recht und die Grenzen des Rechts bei der Herbeiführung von Frieden in allgemeiner Form angesprochen werden. Im Rückgriff auf zentrale Argumente der vorliegenden Beiträge werden dann Anforderungen an und Chancen für eine Fortschreibung der Idee, „Frieden durch Recht" zu gewährleisten, als globale Agenda zur Diskussion gestellt.

2 Zum Verhältnis von Frieden und Recht

Verstehen wir hypothetisch Frieden als das Gegenüber des Krieges und Recht als das Gegenüber der Willkür[2], so kann man zunächst auf ein symbiotisches Verhältnis von Frieden und Recht schließen. Recht schützt den Frieden, der Frieden erlaubt die Herrschaft des Rechts. Die frühe Entwicklung des modernen Völkerrechts hat jedoch wesentliche Impulse aus dem Versuch erhalten, den Krieg rechtlich zu ordnen – zum einen mit Blick auf die Zulässigkeit der Gewaltanwendung an sich (also das *ius ad bellum*), zum anderen mit Blick auf die Zulässigkeit bestimmter Formen der Gewalt (also das *ius in bello*). Das Recht fungiert hier zwar als Einschränkung

---

2 Zur Problematisierung siehe weiter unten.

von Willkür, aber damit nicht unbedingt als Wegbereiter des Friedens. Es kann sogar einer Proliferation von Gründen für die Rechtfertigung von Kriegen dienen. Das meinte Kant, als er die Völkerrechtler „leidige Tröster" nannte, die sich zur Einhegung des Krieges bekannten, dabei aber immer neue Ansatzpunkte für die Rechtfertigung des Krieges geschaffen hätten. Im Kontext von Kolonialismus und Imperialismus diente das Völkerrecht darüber hinaus der Ausgrenzung der „unzivilisierten" Welt aus der rechtlich geordneten. Damit ging eine zumindest indirekte Rechtfertigung der, in der außereuropäischen Welt angewandten, Gewalt einher. Diese Kette von Verstrickungen des Rechts in die Gewalt lässt sich bis in die Gegenwart verfolgen, worauf die *post-koloniale* Forschung hinweist (vgl. Anghie 2005).

Wenn der Frieden mehr sein soll als eine Zwischenkriegszeit, müssen Recht und Frieden also bewusst in ein konstruktives Verhältnis zueinander gebracht werden. Dem sollte bei Kant die Trilogie von innerstaatlicher republikanischer Ordnung, dem Zusammenschluss der Staaten in einem Völkerbund und der Anerkennung eines Weltbürgerrechts dienen. Eine dementsprechende Weltordnung würde nach Kant den Frieden nicht garantieren, aber den Krieg tendenziell unwahrscheinlicher werden lassen.

Man kann die Geschichte der vergangenen 200 Jahre so lesen, als hätte sich die normative Ordnung der internationalen Beziehungen in sukzessiven Schritten den Vorstellungen Kants angenähert, nämlich vom „freien Recht zum Krieg" zur Etablierung einer ansatzweisen „Rule of Law", wenn nicht sogar zur Konstitutionalisierung des Völkerrechts (Klabbers et al. 2009). Aber die Konstruktion einer solchen normativen Fortschrittsgeschichte ist nicht haltbar. Sie würde (soweit sie die vermeintliche Existenz eines freien Rechts zum Krieg im 19. Jahrhundert zum Ausgangspunkt nimmt) die Komplexität der damaligen Debatten (Simon 2018) und den Sachverhalt überspringen, dass die normativen

Errungenschaften des 20. Jahrhunderts ganz wesentlich auf zwei historisch präzedenzlose Kriege zurückzuführen sind. Hier haben sich also Frieden und Recht keineswegs in einem fortlaufenden Prozess gegenseitig verstärkt, vielmehr sind wesentliche normative Durchbrüche im Gefolge zweier Weltkriege erzielt worden.[3] Eine „angemessen institutionalisierte Weltordnung" (Habermas 2000) ist dabei offensichtlich immer noch nicht entstanden. Deshalb besteht aus friedenspolitischer Sicht die zentrale Aufgabe der internationalen Politik heute darin zu verhindern, dass die erneute Annäherung an eine politisch belastbare Friedensordnung einer weiteren Weltkatastrophe vorbehalten bleibt. Wie soll das geschehen?

3 Grenzen der Verrechtlichung als Friedensstrategie

Die Schwäche des Völkerrechts wird meist im Fehlen eines Gewaltmonopols auf internationaler Ebene gesehen. Das ist begründet. Die Existenz oder Abwesenheit eines Gewaltmonopols sollte in ihrer Bedeutung für das Funktionieren einer politischen Ordnung jedoch nicht überbewertet werden. Die Befolgungsrate des Völkerrechts bleibt nicht prinzipiell hinter der Befolgung von nationalem Recht zurück. Beide hängen von der Bereitschaft der Rechtssubjekte ab, sich auch dann dem Recht zu unterwerfen, wenn damit die Verfolgung kurzfristiger Eigeninteressen gestört wird. Daraus folgt, dass auf der zwischenstaatlichen Ebene ein höheres Maß an Frieden und auf der innerstaatlichen ein höheres

---

3 Marcus M. Payk (2018) analysiert den Ersten Weltkrieg als einen „Kampf um das Recht", Hans Kelsen (1944) geht unter dem Eindruck des Zweiten Weltkrieges davon aus, dass die von ihm vorgestellte globale Rechtsordnung nicht ohne Krieg zustande kommen könne.

Maß an willkürlicher Gewalt möglich ist, als die kategorische Bindung des Friedens an die Existenz eines Gewaltmonopols vorgibt. Diese Folgerung bildet den Kern dessen, worum es in der heutigen Normenforschung auf dem Gebiet der internationalen Beziehungen geht (Finnemore und Sikkink 1998; Wiener 2010; Rosert 2012; Deitelhoff und Zürn 2016, Kap. 5). Auch Kant hat bekanntlich die Annäherung an einen Frieden, der mehr ist als eine bloße Zwischenkriegszeit, nicht an die Herausbildung eines internationalen Gewaltmonopols geknüpft, sondern „nur" an den Zusammenschluss der Staaten in einem Bund, der helfen sollte, die internationalen Bedingungen für die innerstaatliche Entfaltung einer auf Volkssouveränität gegründeten freiheitlichen Ordnung zu schaffen, wie insbesondere Ingeborg Maus (2002) immer wieder mit Verve herausstellt. Das setzt, so wäre zu folgern, nicht die Existenz, sondern die Abwesenheit eines Weltstaates voraus.

Gleichwohl stellt sich in allen Bemühungen um die Förderung des Friedens die Frage nach der Rolle, die dabei dem Recht zukommt. Die Formel Frieden *durch* Recht weist dem Recht die zentrale Rolle bei der Stiftung des Friedens zu (Wehberg 1930; Kelsen 1944; Clark und Sohn 1958). Das gilt nach der Einschätzung von Lohmann auch für die Friedensdenkschrift der EKD. In ihr fungiere das Recht als bevorzugtes Mittel der Friedenserhaltung (vgl. Beitrag Lohmann in diesem Band). Diese Fokussierung auf das Recht ergibt sich unter anderem daraus, dass es in der Gegenüberstellung von Frieden und Krieg in erster Linie um die Einschränkung staatlicher „Willkürfreiheit" (Kant) bei der Anwendung von Gewalt geht – und zwar sowohl *im* Krieg als auch bei der Entscheidung *zum* Krieg. Beide Anliegen spiegeln sich in der Entwicklung des modernen Völkerrechts: in der Kodifizierung des Internationalen Humanitären Völkerrechts (Genfer Recht) und dem Verbot bestimmter Kriegswaffen (Haager Recht), im Verbot von Angriffskriegen (Briand-Kellogg-Pakt von 1928) und dem allgemeinen Verbot der unilateralen Anwendung von Gewalt (UN-Charta), im Auf- und Ausbau der internationalen Gerichtsbarkeit und der Institutionalisierung friedlicher Streitbeilegung.

Angesichts der Kontinuität willkürlicher Gewalt verweist aber gerade dieser Fortschritt in der Entwicklung des auf den Frieden bezogenen Völkerrechts im Sinne Lohmanns und Hoppes auf die Grenzen des Ansatzes, Frieden durch Recht herbeiführen zu wollen. Der indische Völkerrechtler Bhupinder S. Chimni (2016) hat diese Grenzen mit Blick auf die im Kontext der beiden Weltkriege geführten Debatten zu Frieden durch Recht erörtert. Er greift die Frage von Francis Boyle auf, ob mehr internationales Recht den Ersten Weltkrieg hätte verhüten können. Boyle legt dies nahe. Er argumentiert, dass schon geringfügige Verhaltensänderungen zentraler Akteure vor 1914, die deren fundamentale Interessen nicht in Frage gestellt hätten, zusammen mit dem damals in den USA auflebenden rechtspositivistischen Projekt der Kriegsverhütung die Bedingungen für die Schaffung einer formalen Struktur der internationalen Beziehungen geschaffen hätten, die dem Ausbruch eines allgemeinen systemischen Krieges in Europa wirkungsvoll hätte entgegenwirken können (Boyle 1985, S. 43). Chimni bezweifelt das. Er weist darauf hin, dass die Idee, Frieden durch Recht zu gewährleisten, schon vor dem Ersten Weltkrieg in der Tat weit verbreitet gewesen sei und durch den Zweiten Weltkrieg noch stärkere Aufmerksamkeit gefunden habe. Das entscheidende Manko dieser Debatten sci aber (bis heute) der Sachverhalt, dass im Rahmen dieser Debatte nie nach der Verstrickung des Völkerrechts in Imperialismus und Krieg gefragt worden sei. Dem Frieden durch Recht näher zu kommen, setze dementsprechend eine kritische Selbstaufklärung des Völkerrechts über seine Verstrickung in die Gewalt voraus:

> "If international laws and institutions are to contribute to establishing peace there is an urgent need to reform those legal regimes

that are the carriers of 'deep causes' of wars and conflict in the domain of law (e.g. in the area of investment, environment, and human rights law). [...] We simply cannot keep using failed legal methods and worn-out vocabularies and hope to contribute to achieving global peace" (Chimni 2015, S. 16).

Damit spricht Chimni dem Völkerrecht aber keinesfalls jegliche Bedeutung für den Frieden ab. Frieden könne zwar nicht durch Recht (allein) erlangt werden, aber auch nicht ohne Recht. Davon gehen auch Lohmann und Hoppe in diesem Band aus. So heißt es bei Lohmann ganz im Sinne Chimnis: „Nur ein [...] kritisch reflektiertes und zur Not gegen sich selbst angewandtes (Völker-)Recht wird seiner Aufgabe, Frieden zu stiften, gerecht [...]."

Zu dieser kritischen Reflexion des Völkerrechts gehört aus der Sicht Lohmanns und Hoppes eine Kritik des Rechtspositivismus, der sich dagegen wehrt, das Recht unter den Vorbehalt moralisch begründeter Gerechtigkeitsvorstellungen zu stellen.

4 Kritik des Rechtspositivismus

In der Kritik des Rechtspositivismus geht es im Wesentlichen um das Spannungsverhältnis zwischen Recht und Moral, Legalität und Legitimität politischen Handelns (in Konflikten).[4] Dieses Spannungsverhältnis darf aus der Sicht der Kritiker des Rechtspositivismus nicht zugunsten eines selbstgefälligen Legalismus überdeckt werden. Lohmann zitiert in diesem Zusammenhang Michael Haspel mit der auf kirchliche Verlautbarungen bezogenen Beobachtung:

---

4   Zur Thematik vgl. Daase 2013 sowie Brünee und Toope 2010, die die Bedeutung einer kohärenten Praxis der Legalität für die Herausbildung von Selbstverpflichtung (*obligation*) in „communities of action" betonen.

Frieden durch Recht. Recht durch Krieg?

„Anstatt aus der ethischen Argumentation Prinzipien herzuleiten, die dann positivrechtlich ausgestaltet werden sollen, werden hier die Einzelnormen des positiven Völkerrechts zum Substitut für ethische Kriterien" (Haspel 2002, S. 53). Diese Vorgehensweise wird aus der Sicht Lohmanns durch einen institutionalistischen Ansatz der Rechtsethik befördert, der der Institutionenbildung mehr Beachtung schenkt als der umfassenden Transformation des politischen, wirtschaftlichen und kulturellen Umfeldes, in dem sich Konflikte entwickeln. Gerade ein Friedensbegriff, der über die Negation des Krieges hinausgehe, wie das beim gerechten Frieden der Fall sei, verlange eine Transformation der Herzen und nicht nur der Strukturen. Mit der Thematisierung der Transformation der Herzen praktiziert Lohmann in der Tat, wie er selbst schreibt, „keine bloße gefühlige Innerlichkeit" (Beitrag Lohmann in diesem Band, S. 35). „Die Arbeit an der Bildung der Herzen hat unmittelbare moralische und politische Konsequenzen, wenn sie ihr Ziel erreicht" (Beitrag Lohmann in diesem Band, S. 35). Sie schließt Überlegungen zum Widerstand gegen illegitime Verhältnisse ein.

Was folgt daraus für die Kritik des Rechtspositivismus? Zum einen, dass die Formel „Frieden durch Recht" nicht gelten kann, wenn sie die Vorstellung transportiert, dass die Durchsetzung einer positiven Rechtsordnung an sich schon als Frieden zu betrachten ist. Zum anderen folgt, dass das Recht nur dann dem Frieden dient, wenn es die Möglichkeit bietet (in Anlehnung an die *Radbruchsche Formel*), einen Verstoß gegen das (positive) Recht ernsthaft daraufhin zu überprüfen, ob der Verstoß aus legitimen Gerechtigkeitsinteressen heraus erfolgt.

Während Lohmann das Verhältnis von Recht und Gerechtigkeit an sich anspricht (und dabei auch die Problematik des Widerstandsrechts einbezieht), argumentiert Hoppe stärker im direkten Bezug auf die internationale Politik. Seine Argumentation lässt dabei ähnliche Schlussfolgerungen zum Verhältnis von „gesetzlichem

Unrecht und übergesetzlichem Recht" (Radbruch 1946) zu wie die Überlegungen Lohmanns.

Einen wesentlichen Bezugspunkt bilden bei Hoppe die Überlegungen von Ned Lebow und Mervyn Frost (2019) über „ethical traps in international relations". Lebow und Frost argumentieren, dass Staaten in Situationen geraten können, in denen sie zwischen materiellem Erfolg einer Handlung (zum Beispiel Schutz der Menschenrechte) und Einhaltung legaler Standards wählen müssen, die sie selbst an das Handeln von Akteuren anlegen. Beide Wahlmöglichkeiten sind düster: die eine bringt einen internationalen Reputationsverlust (Verletzung positiven Rechts), die andere einen Verlust an Glaubwürdigkeit, was die Verteidigung materieller Rechte (zum Beispiel der Menschenrechte) betrifft.

Ähnlich ist in Bezug auf den Sommerkrieg der Israelis mit der Hisbollah 2006 anhand des Denkmodells der asymmetrischen Kriege argumentiert worden (vgl. Münkler 2006). Komme es zu einem Konflikt zwischen staatlichen und nicht-staatlichen Akteuren, sei die staatliche Seite stets im Hintertreffen, weil sie sich im Unterschied zu den nichtstaatlichen Akteuren an das Völkerrecht halten müsste. Es bliebe ihr nur, angesichts einer Rechtsordnung, die diesen Fall nicht abdecke, gegen das geltende Recht zu verstoßen oder den eigenen Waffengebrauch unzumutbar einzuschränken. Angesichts solcher ethischer Fallen, so Hoppe, lasse sich „die Frage, ob die Durchsetzung elementarer ethischer Standards der Nachkriegsordnung seit 1945 nicht stärker auch unilateraler beziehungsweise in ‚Koalitionen der Willigen' getroffener Entscheidungen bedarf, [...] nicht einfach dadurch abweisen, dass man sie als Camouflage machtpolitischer Ambitionen verdächtigt [...]" (Beitrag Hoppe in diesem Band). Es gehe vielmehr darum, dass die Berufung auf staatliche Souveränität nicht dazu dienen dürfe, global anerkannte materielle Normen (vor allem den Schutz der Menschenrechte) auszuhebeln. Das haben das UN-Generalsekretariat unter Kofi Annan und dann auch die UN-Generalversammlung mit ihrer Resolution von 2005 zur Schutzverantwortung in der Tat anerkannt. Ausdrücklich *nicht* anerkannt wurde aber das Recht oder „die Verantwortung" einzelner Staaten, unilateral (also ohne Mandatierung durch den Sicherheitsrat) in innerstaatliche Konflikte zum Schutz vor Massenverbrechen einzugreifen.

Insofern wurde die „humanitäre Intervention" durch die Schutzverantwortung ersetzt. Die Schutzverantwortung ist zwar kein geltendes Recht, sondern ein politisches Prinzip, wie der damalige UN-Generalsekretär Ban Ki-moon erklärt hat. Das heißt aber nur, dass das alte Dilemma (bei der Anwendung von Gewalt zwischen Rechtsbruch und Glaubwürdigkeitsverlust wählen zu müssen) bestehen geblieben ist. Insofern sind die Überlegungen von Lohmann und Hoppe von bleibender Aktualität.

Allerdings zeichnen sich diese Überlegungen durch ein Manko aus: eine einseitige zeitgeschichtliche Kontextualisierung der Argumentation, also eine unzureichende Historisierung des Streits um Legitimität und Legalität der Anwendung von Gewalt (im Namen des Friedens und der Menschenrechte). Lohmann und Hoppe gehen auf die viel diskutierte Frage ein, inwieweit bestimmte Konfliktkonstellationen einen konkreten Rechtsbruch erlauben (nach der Formel: der Kosovo-Krieg sei illegal, aber legitim gewesen) und zwar, ohne die bestehende Rechtsordnung in Frage zu stellen und mehr noch als Schritt, die durch sie verkörperten materiellen Normen zur Geltung zu bringen (vgl. Habermas 2000). Was nicht thematisiert wird, ist inwieweit sich in der Interventionspraxis seit 1945 und vor allem seit Ende des Ost-West-Konflikts auch eine bestimmte Völkerrechtspolitik manifestiert, die darauf hinaus lief, die materiellen Anforderungen an legitimes Regieren auszuweiten, ohne sich auf eine Anpassung der Verfahrensweisen der internationalen Gemeinschaft zum Umgang mit Abweichungen einzulassen. Mit anderen Worten: die Selbstbindung an das Recht sollte so weit wie möglich für die *Underdogs* der Weltgesellschaft gelten, aber nicht für die *Topdogs*, deren Handlungsspielraum vielmehr erweitert wurde, und zwar als hegemoniale Politik der liberalen Demokratien, für die es nach dem Zusammenbruch des Widerlagers, des Realsozialismus, erheblichen Spielraum gab. In dieser Situation ging es um die Frage, ob die neue weltpolitische Konstellation genutzt werden würde, um die Welt nach liberal-demokratischen Vorstellungen und westlichen Interessen umzugestalten, oder ob man sich auf den Weg zu einer kosmopolitischen Weltordnung begeben würde, der sich auch die handlungsmächtigen liberalen Demokratien unterwerfen würden (statt das liberal-demokratische Lager einfach nur als Vorwegnahme einer solchen Weltordnung zu verstehen). Viele Faktoren (einschließlich des Zwanges, auf massive Menschenrechtsverletzungen und Terrorismus zu reagieren) haben dazu geführt, dass der erste Weg eingeschlagen wurde, wobei die Wiederbelebung der Lehre vom „gerechten Krieg" (wenn auch gegen die Intentionen zumindest ihrer kontinentaleuropäischen Befürworter) eher als Angebot zur Rechtfertigung von Gewalt denn als normativer Referenzrahmen für ihre Eindämmung fungierte. Es ging eben nicht um die zeitlose Frage „how to fight a just war" (Elshtain 2002), sondern darum, wie man es in Afghanistan und später im Irak und heute in Syrien und um Syrien herum tun kann. Und das wissen wir bis heute nicht und werden es wohl auch nie wissen.

Hoppe verweist sehr zu Recht auf die „weltinnenpolitische Herausforderung durch autoritäre Denkformen und Politikkonzepte" und stellt damit indirekt eine Verbindung zum Beitrag von Lohmann her. Aber die in autoritären Systemen obwaltende handlungsleitende Logik der Exklusion kam auch schon in der Identifizierung von „Rogue States" (unter anderem im Krieg gegen den Terror) zum Zuge, die als solche von der sich selbst so verstehenden internationalen Gemeinschaft ausgeschlossen und zum Objekt unilateraler Eingriffe gemacht wurden. Diese Praxis hat wenig dazu beigetragen, das Leiden der betroffenen Menschen zu mildern. Das ist ein Sachverhalt, der uns nötigt, auch mit Blick auf die sich verändernden internationalen Machtverhältnisse erneut über die friedenspolitische Handlungsfähigkeit der liberalen Demokratien nachzudenken, zumal in ihnen selbst autoritäre beziehungsweise populistisch-nationalistische Tendenzen in erschreckendem Maße an Bedeutung gewinnen.

5 Herausbildung eines Friedensrechts

Tim Wihl geht das hier diskutierte Problem unter dem Gesichtspunkt der von Martti Koskenniemmi (2005 [1989]) zuerst systematisch ausgearbeiteten Unbestimmtheit des Völkerrechts an. Völkerrecht ist wie alles Recht in einem gewissen Umfang unbestimmt. Es besteht immer Interpretationsbedarf in Bezug auf konkrete Anwendungsfälle, der aber die grundlegende Funktion des Rechts, Erwartungssicherheit herzustellen, nicht unterlaufen darf. Die Unbestimmtheit sei für das Recht konstitutiv, weil es immer auch über einen gegebenen Zustand hinausweise, auf das, was noch nicht ist. Aus demokratischer Sicht *soll* das Recht auch unbestimmt sein, denn es bildet sich im Streit, der nie abgeschlossen werden kann (darf). Die Unbestimmtheit des Rechts wird nach Wihl dann zum Problem (der Friedenspolitik), „wenn sie Mächtige weiter ermächtigt oder Ohnmächtige in ihrer Wirkungskraft beschränkt" (Beitrag Wihl in diesem Band, S. 44). Ein positiver Frieden liefe demgegenüber darauf hinaus, die Ohnmächtigen (das ist bei Wihl der globale Süden) zu ermächtigen. Als Schritt auf dem Weg in diese Richtung komme es darauf an, den negativen Frieden (die Abwesenheit des Krieges) zu festigen, und zwar durch die Erhöhung der Bestimmtheit der Regeln zur Kriegsverhütung.

Denn Unbestimmtheit sei hier „kein Ausdruck von demokratischer Normativität, sondern von mangelndem Willen zum Recht als Herrschaftsminderung, also: Unverbindlichkeit" (Beitrag Wihl in diesem Band). Diese Unverbindlichkeit bedeutet Wihl zufolge eine permanente Gefährdung des negativen Friedens. Daraus folgt Wihl:

> „Das Recht des negativen Friedens braucht größtmögliche Klarheit. (…) Denn mächtige, in der Rüstung überlegene Staaten bedürfen starrer, harter, bestimmter Regeln, so dass der negative Frieden sich konkretisieren kann. Positiver zwischenstaatlicher Friede hingegen muss durch mehr demokratischen Streit und verfassungssubstantielle Unbestimmtheit erst definiert werden" (Beitrag Wihl in diesem Band, S. 55)

Wihl fordert auf dieser Grundlage ein „Recht des Pazifismus", „das keinerlei Legitimation für Aggression oder aber vermeintliche Selbstverteidigung mit Nebengedanken bereithält" (Beitrag Wihl in diesem Band). Damit soll aber offenbar die Anwendung militärischen Zwanges nicht ausgeschlossen, sondern als kollektive Sicherheit an einzelne Bedingungen geknüpft werden. Zentral sei die Politisierung des internationalen Rechts, verstanden als ständige Unterscheidung zwischen dem Schutz der Schwächeren und der Ermächtigung des Stärkeren. Wihl geht davon aus, dass ein Primat der Kooperation im Rahmen kollektiver Sicherheit nur realistisch ist, wenn auch „politökonomische Konkurrenzstrukturen" in Frage gestellt werden – in Gestalt eines erneuten, „nur durch Widerstand erstreitbaren" Anlaufs zur Neuordnung der Weltwirtschaft. Das ist ganz im Sinne Chimnis; ob es auch im Sinne Lohmanns und Hoppes wäre, bliebe zu klären. Bei Lohmann und Hoppe steht das Funktionieren einer Rechtsordnung im Spannungsfeld zwischen Legitimität und Legalität im Vordergrund, bei Wihl die Ausrichtung

Frieden durch Recht. Recht durch Krieg?

der internationalen Rechtsordnung an dem Ziel einer Veränderung der Machtverhältnisse.

Fraglich ist allerdings, welchen Effekt die weitere Ausarbeitung von Kriterien legaler Gewaltanwendung als Schritt auf dem Weg zum positiven Frieden tatsächlich hätte. Hier kommen die ernüchternden Erwägungen von Stefan Oeter ins Spiel. Oeter fragt, ob sich sinnvoll normative Postulate aufstellen lassen, die über den gegenwärtigen Bestand an Regeln zur Sicherung von Frieden durch Recht hinausgehen. Oeter gibt hierauf eine negative Antwort. Das Problem liegt aus seiner Sicht nicht in der Schaffung neuer Regeln, sondern in der Umsetzung bestehender, und dieses Problem wurzle in der Konzeption des bestehenden Regelwerkes selbst. Dessen mangelhafte Funktionsfähigkeit führe zu einer übersteigerten Bedeutung des Rechts auf Selbstverteidigung. Im Sinne Wihls könnte dem zwar durch mehr Bestimmtheit des negativen Friedensrechts abgeholfen werden, die gegenwärtige Unbestimmtheit dieses Rechts entspricht offensichtlich aber gerade den Interessen der militärisch starken Staaten. Insofern besteht wenig Aussicht auf stärkere Formen der Selbstbindung dieser Staaten an das Recht – es sei denn, so wäre hier zu erwägen, dass die gegenwärtigen globalen Machtverschiebungen dafür einen stärkeren Anreiz schaffen. Danach sieht es im Augenblick noch nicht aus.

Wenn das zentrale Problem nicht im Setzen von neuen Rechtsnormen besteht, sondern in der Durchsetzung der bestehenden, sind auch die militärischen Mittelmächte wie die Bundesrepublik Deutschland gefragt. Auch diese zeigten, so Oeter, wenig Interesse daran, sich formal auf mehr praktische Solidarität zu verpflichten und dafür die nötigen Mittel bereitzustellen.

Die Aussichten auf ein besser funktionierendes kollektives qua kooperatives Sicherheitssystem, wie Wihl sich das vorstellt, sind also schlecht. Aus Oeters Text kann gefolgert werden, dass es gilt, sich mehr mit diesem Sachverhalt auseinanderzusetzen, als damit, wie das Friedensrecht deduktiv aus der Friedensethik abgeleitet werden kann. In Oeters Worten: „Friedensrecht ist […] mehr als in konkretisierte Normen gegossene Friedensethik, sondern enthält immer auch den […] Schritt der Vermittlung mit den Rahmenbedingungen politischer Praxis". Dem ist zuzustimmen. Das verlangt auch, sich verstärkt damit zu befassen, wie sich die Rahmenbedingungen internationaler Friedenspolitik heute verändern und mit ihnen die von Oeter erwähnten Anreizstrukturen für eine kooperative Friedenspolitik, wie Wihl sie fordert und Lohmann und Hoppe sie mit Blick auf ihre (welt-)gesellschaftlichen Anforderungen hin gedanklich begleiten.

6 „Die Selbstbehauptung und Selbstgefährdung des Friedens als Herrschaft des Rechts" (Brock und Simon 2018)

Oeter hat natürlich Recht mit der Aufforderung, sich im Nachdenken über den Frieden den Zumutungen *praktischer* Solidarität zu stellen. Das enthebt uns jedoch nicht der Notwendigkeit, uns immer wieder mit Grundfragen des Verhältnisses von Recht und Frieden auseinanderzusetzen. Als Beitrag dazu kann die Feststellung von Gertrud Brücher dienen, dass Recht ein *selbstimplikativer*, also sich selbst voraussetzender Begriff ist:

> „Jede Rechtsverweigerung muss ein höheres Recht in Anspruch nehmen. Wenn sich aber nicht alle auf das gleiche ‚Höhere' einigen, dann erscheint die Frieden stiftende Verrechtlichung der einen (*potentia*) in den Augen der anderen als Willkürgewalt (*violentia*)" (Beitrag Brücher in diesem Band, S. 92).

Frieden durch Recht. Recht durch Krieg?

Das führt zu der bereits von Lohmann und Hoppe mit unterschiedlicher Akzentuierung aufgeworfenen Problematik eines Rechts zum Rechtsbruch zurück, das in den 1990er-Jahren im Kontext der damals erneut aufkommenden Debatte über humanitäre Interventionen besonders lebhaft diskutiert wurde. Die einen verleugneten den Rechtsbruch als solchen, indem sie sich dem Argument anschlossen, dass das Gewaltverbot der UN-Charta Eingriffe zum Schutz der Menschenrechte nicht verbiete, weil dieser Schutz eine zentrale Aufgabe der UN sei. Eine andere Position besagte, dass humanitäre Interventionen als Hilfe zur Durchsetzung von Volkssouveränität gegen das vom Staat zur eigenen Machtsicherung in Anspruch genommene Interventionsverbot zu verstehen seien. Habermas rekurrierte demgegenüber auf die Idee, dass die Anwendung nicht sanktionierter Gewalt *unter bestimmten Bedingungen* als Vorgriff auf eine angemessen institutionalisierte Weltordnung gewertet werden könne. Einen solchen möglichen Vorgriff sah er bekanntlich im Kosovo-Krieg der NATO (Habermas 2000). Gertrud Brücher bezweifelt, dass sich daraus eine Friedensordnung entwickeln könnte. Sie fragt:

„Könnte mit gutem Recht einem global geltenden Recht vorgegriffen werden, das ein mittels globaler Rechtsdiskurse erst noch hervorzubringendes positives Recht schon heute als Legitimationsgrundlage für Militärinterventionen beansprucht? Was geschieht mit globalen Akteuren, die bestimmte Diskurse erst ermöglichende Vorverständigungen nicht teilen? Und wo befinden sich nichtwestliche Rechtskulturen?" (Beitrag Brücher in diesem Band, S. 94).

Die Antwort, die sie unter Verweis auf Armin von Bogdandy und Ingo Venzke (2014) sich selbst und den Lesern gibt, lautet:

„Von Grund auf unklar scheint der Beitrag zum Frieden im Falle eines Rechts, das sich nicht als Ausdruck einer gemeinsamen normativen Praxis versteht, sondern als gestaltungsmächtige Projektion einer politischen Partei, die ein Recht auf die vorgreifende Durchsetzung ihrer je eigenen Vorstellung idealer Vergesellschaftung beansprucht" (Beitrag Brücher in diesem Band, S. 95).

Man könnte meinen, dass diese Fragen und Beobachtungen durch die globale Anerkennung der Universalität (und Unteilbarkeit) der Menschenrechte (Wiener Menschenrechtskonferenz von 1993) weitgehend gegenstandslos würden. Das ist aber nicht der Fall und zwar aus drei Gründen: Wegen der oben angesprochenen Unbestimmtheit allen Rechts, wegen der machtpolitischen Heterogenität der Staatengesellschaft, die zu einer ungleichen Ressourcenverteilung im notwendigen Streit um das Recht führte, und wegen des schwierigen Verhältnisses zwischen Recht und Gewalt und damit zwischen Recht und Frieden, auf das auch Oeter eingeht. Was diesen dritten Grund betrifft, so findet die einleitend angesprochene historische Verstrickung des Rechts in die Gewalt ihre Erweiterung darin, dass die Geltung des Rechts nicht auf die Abwesenheit von Willkür verweist, sondern diese immer auch die Ausübung von Recht begleitet, wie Walter Benjamin, Michel Foucault und Jacques Derrida herausgearbeitet haben. Sich auf das Recht als Gegenbegriff zur Willkür zu berufen, heißt aus dieser Perspektive, Willkür zu verschleiern. Frieden als Rechtsordnung verweist auf die Überwindung willkürlicher Gewalt zugunsten eines rechtlich eingehegten Zwanges. Aber jeder Anspruch, Willkür durch den Zwang des Rechts zu überwinden, reproduziert aufgrund der Verknüpfung von Recht und Herrschaft seinerseits Willkür. Stabilisierung und Destabilisierung des Friedens durch Recht gehen insofern Hand in Hand. In diesem Sinne kann man von der „Selbstbehauptung und Selbstgefährdung des Friedens als Herrschaft des Rechts" sprechen (Brock und Simon 2018).

Ist es also letztlich egal, ob man in einem Rechtsstaat lebt oder nicht, ob es eine „international rule of law" gibt oder nicht? Die allgemeine Lebenspraxis zeigt, dass das keinesfalls egal ist. Es macht immer noch einen entscheidenden Unterschied, ob – wenn es morgens um fünf klingelt – der Milchmann oder der Geheimdienst vor der Tür steht. Mit anderen Worten: die Idee „Frieden durch Recht" wird keinesfalls durch die Aporien des Rechts ad absurdum geführt. Sie kann sich vielmehr darauf stützen, dass jede Berufung auf das Recht mit der Unverfügbarkeit des Rechts für eine *totale* Instrumentalisierung rechnen muss (vgl. Brock 2010). Die Berufung auf das Recht kann eine reine Farce sein. Wenn sie aber (wovon auszugehen ist) gegenüber einem je spezifischen Publikum Wirkung zeigen soll, muss sie mehr sein als das. Wer sich in wirksamer Form auf das Recht beruft, liefert sich immer auch dem Recht aus. In diesem Sinne bezeichnet das Recht eine Arena, in der um den Frieden nach Regeln gestritten werden kann. Nicht mehr, aber auch nicht weniger.

Literatur

Anghie, Antony. 2005. *Imperialism, Sovereignty and the Making of International Law*. Cambridge: Cambridge University Press.

Bogdandy von, Armin und Ingo Venzke. 2014. *In wessen Namen? Internationale Gerichte in Zeiten globalen Regierens*. Frankfurt a. M.: Suhrkamp.

Bothe, Michael. 2010. An den Grenzen der Steuerungsfähigkeit des Rechts. Kann und soll es militärischer Gewalt Schranken setzen? In *Frieden durch Recht?*, hrsg. von Peter Becker, Reiner Braun und Dieter Deiseroth, 63–72. Berlin: Berliner Wissenschafts-Verlag.

Boyle, Francis A. 1085. *World Politics and International Law*. Durham: Duke UP.

Brock, Lothar. 2010. Frieden durch Recht. Anmerkungen zum Thema in historischem Kontext. In *Frieden durch Recht?*, hrsg. von Peter Becker, Reiner Braun und Dieter Deiseroth, 15–34. Berlin: Berliner Wissenschafts-Verlag.

Brock, Lothar und Hendrik Simon. 2018. Die Selbstbehauptung und Selbstgefährdung des Friedens als Herrschaft des Rechts. Eine endlose Karussellfahrt? *Politische Vierteljahresschrift* 59 (2): 269–291.

Brunnée, Jutta und Stephen J. Toope. 2010. *Legitimacy and Legality in International Law. An Interactional Account.* Cambridge: Cambridge University Press.

Chimni, Bhupinder S. 2015. Peace through law: lessons from 1914. *London Review of International Law* 3 (2): 245–265.

Clark, Grenville und Louis B. Sohn. 1958. *World Peace through World Law.* Cambridge, MA: Harvard University Press.

Daase, Christopher. 2013. Die Legalisierung der Legitimität. *Die Friedens-Warte* 88 (1/2): 41–62.

Deitelhoff, Nicole und Michael Zürn. 2016. *Lehrbuch der Internationalen Beziehungen.* München: C.H. Beck.

Elshtain, Jean Bethke. 2002. How to Fight a Just War. In *Worlds in Collision: Terror and the Future of Global Order*, hrsg. von Ken Booth und Tim Dunne, 263–269. Basingstoke: Palgrave.

Finnemore, Martha und Kathryn Sikkink. 1998. International Norm Dynamics and Political Change. *International Organization* 52 (4): 887–917.

Goldsmith, Jack L. und Eric A. Posner. 2015. *The Limits of International Law.* Oxford: Oxford University Press.

Habermas, Jürgen. 1996. Kants Idee des ewigen Friedens – aus dem historischen Abstand von 200 Jahren. In *Frieden durch Recht. Kants Friedensidee und das Problem einer neuen Weltordnung*, hrsg. von Matthias Lutz-Bachmann und James Bohman, 7–24. Frankfurt a. M.: Suhrkamp.

Habermas, Jürgen. 2000. Bestialität und Humanität. Ein Krieg an der Grenze zwischen Recht und Moral. In *Der Kosovo-Krieg und das Völkerrecht*, hrsg. von Reinhard Merkel, 51–65. Frankfurt a. M.: Suhrkamp.

Haspel, Michael. 2002. *Friedensethik und Humanitäre Intervention. Der Kosovo-Krieg als Herausforderung evangelischer Friedensethik.* Neukirchen-Vluyn: Neukirchener.

Kelsen, Hans. 1944. *Peace through Law.* Chapel Hill, NC: The University of North Carolina.

Klabbers, Jan, Anne Peters und Geir Ulfstein. 2009. *The Constitutionalization of International Law.* Oxford: Oxford University Press.

Koskenniemi, Martti. 2005 [1989]. *From Apology to Utopia: The Structure of International Legal Argument*. Cambridge: Cambridge University Press.

Lebow, Richard Ned und Mervyn Frost. 2019. Ethical traps in international relations. *International Relations* 33 (1): 3–22.

Maus, Ingeborg. 2002. Vom Nationalstaat zum Globalstaat oder: der Niedergang der Demokratie. In *Weltstaat oder Staatenwelt*, hrsg. von Matthias Lutz-Bachmann und James Bohman, 226–259. Frankfurt a. M.: Suhrkamp.

Münkler, Herfried. 2006. Asymmetrie und Kriegsvölkerrecht. Die Lehren des Sommerkrieges 2006. *Die Friedens-Warte* 81 (2): 59–65.

Payk, Marcus M. 2018. *Frieden durch Recht? Der Aufstieg des modernen Völkerrechts und der Friedensschluss nach dem Ersten Weltkrieg*. Berlin / Boston: De Gruyter / Oldenbourg.

Radbruch, Gustav. 1946. Gesetzliches Unrecht und übergesetzliches Recht. *Süddeutsche Juristenzeitung* 1(5): 105–108.

Rosert, Elvira. 2012. Fest etabliert und weiterhin lebendig: Normenforschung in den Internationalen Beziehungen. *Zeitschrift für Politikwissenschaft* 22 (4): 599–623.

Simon, Hendrik. 2018. The Myth of Liberum Ius ad Bellum. Justifying War in 19th-Century Legal Theory and Political Practice. *European Journal of International Law* 29 (1): 113–136.

Wehberg, Hans. 1930. *Die Ächtung des Krieges. Eine Vorlesung an der Haager Völkerrechtsakademie*. Berlin: Verlag F. Vahlen.

Werkner, Ines-Jacqueline und Torsten Meireis (Hrsg.). 2019. *Rechtserhaltende Gewalt – eine ethische Verortung*. Wiesbaden: Springer VS.

Wiener, Antje. 2010. Zur normativen Wende in den Internationalen Beziehungen. *Zeitschrift für Internationale Beziehungen* 17 (2): 335–354.

Autorinnen und Autoren

Lothar Brock, Dr. phil., habil., Senior-Professor am Institut für Politikwissenschaft der Goethe-Universität Frankfurt a. M. und Gastprofessor an der Hessischen Stiftung Friedens- und Konfliktforschung in Frankfurt a. M.

Gertrud Brücher, Dr. phil. habil., Privatdozentin im Fach Philosophie mit der Venia „Friedenswissenschaft und Sozialtheorie" und Lehrbeauftragte im Fachbereich Gesellschaftswissenschaften und Philosophie der Philipps-Universität Marburg

Thomas Hoppe, Dr. theol. habil., Professor für Katholische Theologie unter besonderer Berücksichtigung der Sozialwissenschaften und der Sozialethik an der Helmut-Schmidt-Universität Hamburg

Sarah Jäger, Dr. theol., Wissenschaftliche Mitarbeiterin an der Forschungsstätte der Evangelischen Studiengemeinschaft e. V. in Heidelberg

Friedrich Lohmann, Dr. theol. habil., Professor für Evangelische Theologie mit dem Schwerpunkt Angewandte Ethik an der Universität der Bundeswehr München

Stefan Oeter, Dr.iur.utr. habil., Universitätsprofessor für Öffentliches Recht, Europarecht und Völkerrecht und geschäftsführender Direktor des Instituts für internationale Angelegenheiten der Universität Hamburg

Tim Wihl, Dr. iur., Gastdozent am Arbeitsbereich Politik und Recht der Freien Universität Berlin

The manufacturer's authorised representative in the EU is Springer Nature Customer Service Centre GmbH, Europaplatz 3, 69115 Heidelberg, Germany. If you have any concerns regarding our products, please contact ProductSafety@springernature.com

Printed and bound by CPI Group (UK) Ltd, Croydon, CR0 4YY

23/03/2026

02076463-0002